LEGENDEN
VOM
CHRISTUSKIND

Walter Schmidkunz

LEGENDEN VOM CHRISTUSKIND

Urachhaus

ISBN 3-8251-7472-7

Erschienen im Verlag Urachhaus

Umschlag: Jan Brueghel d.Ä., Heilige Familie in einem Blumen- und Früchtekranz
© Artothek, Weilheim
Gesamtherstellung: Freiburger Graphische Betriebe

Inhalt

DIE GEBURT

DIE FLUCHT

DIE KINDHEIT

DIE GEBURT

»Fürchtet euch nicht;
siehe, ich verkündige euch große Freude,
denn euch ist heute der Heiland geboren,
welcher ist Christus, der Herr.«

Die Feierstunde der Welt

Zur Stunde, da Jesus, das Christkind, in einer Höhle das Licht der Welt erblicken sollte, ging der heilige Joseph, der irdische Gefährte der göttlichen Mutter, aus, um einen barmherzigen Menschen zu suchen, der in dieser Nacht der Gottesmutter hilfreich beistünde. Joseph schritt eiligen Fußes über die Heide, und wie er schritt und ging, kam plötzlich eine unfassliche Stille in die Welt. Er stand und blickte hinauf zum hohen Himmel und sah über sich den Pol der Gestirne mit einem Male stille stehen. Die kreisenden Sterne und die Planeten hielten inne in ihrem von Gott bestimmten Lauf, die fallenden Sternschnuppen sanken nicht zur Erde, und der Mond hing silberweiß und starr an einer Stelle des Firmaments. Den fliegenden Vögeln wurden die Flügel lahm, und sie stockten in ihrem Flug und schwebten – wie von Gottes Hand gehalten – an *einem* Orte.

Und als Joseph voll Wunderns niederblickte, gewahrte er vor sich eine Schar Hirten, die sich um eine Schüssel gelagert hatten, um zu essen. Aber ihre Hände blieben wie tot in der Schüssel und hafteten am Rand: Die Kauenden kauten nicht, die Hebenden hoben nicht, und die, die einen Bissen zum Munde führten, taten es nicht, sondern aller Angesicht blickte zum Himmel. Schafe wurden getrieben, und sie blieben ohne Anruf stehen, und der Hirt hob seinen Stab, sie zu schlagen; aber der Arm, der den Stab führte, wurde starr und schlug nicht die Schafe, und dem Hunde zerbrach das Gebell in der Kehle. Am Ufer des Stromes standen Tiere, um zu trinken. Es erstarrte das fließende Wasser in seinem lebendigen Lauf, und die Mäuler der Böcke beugten sich herab und tranken nicht. Der säuselnde Wind, der in den Blättern spielte, erstarb jäh und wehte nicht mehr, und stumm wurde das ferne Rauschen der Wälder. Gräser und Halme, die ein Lufthauch gestreichelt hatte, verharrten in demütiger Gebeugtheit, und das fallende Laub sank nicht zur Erde. Die Steine, die einstmals klein und gering gewesen waren, doch im Laufe der Zeiten groß und größer wuchsen und Felsen und Berge bildeten, schier himmelhohe Berge, sie verharrten in ihrem Wachstum und behielten für immer die Größe, die sie zu dieser Stunde erreicht hatten. So stand alles Lebendige und alles Tote still. Es war, als hielte die ganze Welt den Atem an.

Und mit einem anderen Male ging alles wieder seinen Lauf. Denn es war in diesem Augenblicke die Freude Gottes in die Welt und zu den Menschen gekommen, und alles Lebende feierte die Stunde. Es kreisten wieder die eilenden Gestirne und zogen weiter ihre ewige Bahn, und es sprangen die Wasser und es klangen mit munterem Geplätscher die Brunnen. Wo die Erde mit Schnee bedeckt war, da schmolz er und schwand fließend dahin und gab die Gräser frei und die Blätter, und sie sprossen und grünten in Augenblicken und schmückten die Erde. Blumen entfalteten die verschlossenen farbigen Kelche und standen staunend mit offenen Gesichtern. Ein tauber Apfelbaum, der nie geblüht hatte, schlug zur Stunde plötzlich die Augen auf, trieb Knospen und ließ seine weiß-rosa Blüten springen und trug noch in selbiger Nacht reife Früchte gleich den gesegneten Weinstöcken von Engaddi, die in der Stunde der Geburt zu gleicher Zeit blühten und zur Kelter reiften.

Die Vögel fingen an zu singen und zu jubilieren, als ob es Frühling werden sollte. Schmetterlinge wachten auf, spannten ihre buntgesprenkelten Flügel, und die brummelnden Hummeln und die Bienen summten, und die Ameisen voll Eifer hatten es eilig. Und ein Frohlocken und Jauchzen lief gedankenschnell wie das Sonnenlicht über die Erde. In den spanischen Landen erschienen drei Sonnen gleichzeitig am Himmel, standen leuchtend im Azimut, näherten sich und flossen zusammen in ein großes Licht und erwiesen gleichermaßen, wie das Dreifaltige zur Einheit wird. Jenseits des Tiber, so melden die Schriften, entquoll zu Rom ein Brunnen, der nicht Wasser, sondern Öl gab, das wie ein Symbol der Gnadenfülle den ganzen Christtag lang über den Hang hinab zum Flusse strömte. In den heidnischen Ländern wichen die Standbilder der fremden Götter von ihren Sockeln und beugten sich. Ein großer See wallte ungestüm im Ungarlande auf und schlug mächtige Wellen als brandete die Freude sie auf.

So geschahen in dieser Stunde an allen irdischen Orten Wunder über Wunder. Die Nacht war in allen Ländern der Welt hell wie ein sonnerfüllter, leuchtender Tag. Ein ungeheurer Glanz stand über der Erde, die sich auftat, dass auch zu den Seelen in der Finsternis das Licht des Heils und die Freude gelangen könne und das Echo des Jubelns empor zum Himmel dringe. Und es war nichts Totes und nichts Lebendiges, das nicht teilnahm an der heiligsten Feierstunde, in der das göttliche Kind in die Welt gekommen war.

(Aus den Apokryphen)

Die Dattelpalme

Es erzählen sich die Araber: Inmitten der Unendlichkeit der Wüste stand einsam ein Palmbaum. Er war so alt geworden, dass er sich nicht mehr entsinnen konnte, je jung gewesen zu sein. Um ihn breiteten sich unermessliche Ebenen kalkgrauen Sandes und zu Stein gebrannter gelbroter Klippen, die am fernen Wüstenrand angeblaut in den Himmel übergingen. Über wellige Sanddünen strich der heiße Wind, der alles tötete und den glühenden Sand in Fahnen hochwirbelte. Der alte Palmbaum lag in seinen letzten Zügen. Vom toten Holz, das starr und aufrecht wie ein Grabkreuz im angewehten Sand steckte, hingen verdorrte Blätterwedel wie zerzaustes Leder nieder, kraftlos und saftlos, verblüht und vermüht. Des Baumes harte Wurzeln ankerten noch fest im Sand, und ihre Spitzen krallten sich wie hilfesuchende Finger in den Boden, als wollten sie nicht vom Leben lassen. Jahrtausendelang hatten sie aus dem dürren Sand kümmerliches Sein gezogen; längst war der Boden ausgelaugt, er gab nicht mehr Halt, nicht Kraft noch Nahrung, und der einsame Palmbaum starb dahin.

Es war um die Zeit, da in den Tagen und Nächten ein wunderbar schöner Stern über den hohen Himmel wanderte und den Menschen kündete, dass die göttliche Liebe nieder auf die Welt kommen würde. Und Gott hatte Maria, die begnadete Jungfrau, dazu ausersehen, zu erfüllen, was der Stern verhieß. Und Maria nahm, in Demut sich vor dem Göttlichen beugend, die selige Verkündigung hin und das Empfangen. Sie wanderte vor die Stadt hinaus und setzte den Fuß in die Unendlichkeit der Wüste, denn sie mied in dieser himmelsnahen Stunde die Menschen. Die Schauer der Erfüllung überkamen die göttliche Mittlerin, die Kräfte verließen sie, und in Verlassenheit und Schmerz brach sie zusammen.

Sie lag im heißen Wüstensand und schickte die sehnenden Blicke über die raumweite Öde, bis sie jene einsame Palme einfingen, die wie ein Kreuz mitten in der Wüste ragte. Ein Kreuz, ein Ziel, wie von Gott gesetzt.

Mit der Hingabe all ihrer Kraft schleppte sich die Heilandsmutter hin über den fließenden Sand, bis sie jene Palme erreicht hatte und an ihrem Stamm hinsank wie ein Grashalm, den die Sense des Schnitters getroffen. Sie umklammerte das harte Holz mit ihren schwachen Armen und grub vor Schmerz und Leid die Nägel tief in seine Rinde. In ihrer Angst und Verlassenheit rief es aus ihrem Herzen: »Oh, wäre ich doch nie geboren, wäre ich doch längst gestorben und vergessen! Wie kann ich armselig Weib dem Himmel dienen?« Fürchterlicher Durst quälte sie und heftete ihre Zunge an den ausgedörrten Gaumen. Feuer brannte in ihrer Kehle vor Trockenheit. Hunger und Schmerzen peinigten sie und bissen und rissen in ihren Eingeweiden. So sehr durchglühte die Tropensonne ihren erschöpften Leib, dass ihr die Sinne vergehen wollten. Sie ließ die Augen in die Runde gehen, doch ihre Blicke verliefen sich verzweifelnd in der Leere der endlosen Wüste. Sie umfing den dürren Stamm der Palme und schlug vor Weh die Zähne in die harte Rinde.

Und es erfüllte sich die Verheißung, und zwischen den abgestorbenen Wurzeln des Baumes lag ein junges Leben, der Menschensohn. Da drang es plötzlich wie Perlen durch den Sand, es quoll und sickerte, und ein klarfrischer Wasserquell war am Fuß der Palme entsprungen. Die verschmachtete Mutter beugte sich nieder an den Brunn und sog das erquickende Nass in vollen Zügen ein; dann badete sie das Kind.

In den Palmbaum aber fuhr es wie später Frühling. Es hoben sich seine Äste, die Blattfächer verloren das fahle Gelb und schmückten sich mit lebendigem Grün und spendeten Kühle und Schatten. Und als die gesegnete Frau ihr Gesicht zum Himmel hob, um der göttlichen Allmacht zu danken, da sah sie, wie zwischen den Blattrispen reife, goldene Datteltrauben hingen. Wie sie noch in fassungslosem Entzücken starrte, da neigten sich die fruchtschweren Zweige und die göttliche Mutter konnte sonder Müh' nach den vollen Trauben greifen und hatte genug, um ihren Hunger zu stillen. Und in ihrer erquickten Freude rief sie laut: »O die schöne Frucht!«, und pflückte sie und aß sie mit frohem Behagen, und sie fand wieder Mut und Kraft. Jeder Dattelkern trägt seither ein Segenszeichen an sich: Das glückfrohe »O«, das dem Mund der Gottesmutter entfuhr, ist wie mit einem Stempel jedem Kern eingeprägt. Die Palme selbst ist gesegnet für alle Zeit als immergrünes Sinnbild des ewigen Heils und des endlichen Friedens.

Viele Jahre später: Als Christus in Jerusalem einzog, da winkten sie mit Palmwedeln und legten sie ihm vor den Weg, damit er darüber schritte: als Heiland, Erlöser, Friedebringer.

Maria aber, neugestärkt, nahm das Kind auf, bettete es in die Arme und trug es aus der Wüste unter die Menschen, nicht ahnend wie leidensschwer ihrer beider Weg sein würde.

(Arabisch)

Das erste Wunder

Andere wissen dies zu erzählen: Die Gottesmutter wanderte über Land, wanderte der Stätte und der Stunde entgegen, da sie den Sohn Gottes zu den Menschen bringen sollte. Sie war über Berge gepilgert, in Täler hinabgestiegen, war durch Wälder gegangen und über die Heide. Nun lief der Weg der sinkenden Sonne entgegen, die in purpurnem Schimmer Steine und Bäume umsäumte, glitzernd auf den Wassern schwamm und die Berge golden randete. Ihre Strahlen umspielten das lichte Haar Marias, dass ihr Haupt wie von einem heiligen Scheine umsponnen schien. Der Himmel war ein rotgoldenes Leuchten.

Es verdämmerte der Tag, die Nacht blaute auf. Gegen den Horizont hoben sich in der Ferne die Umrisse von Türmen und Zinnen und die runden Kuppeln einer Stadt ab. Bevor noch die Schatten Nähe und Weite verschlungen hatten, durchschritt Maria das Tor der Stadt. Allein und fremd stand sie in finsteren Gassen und wusste nicht, wo sie eine Raststätte fände. Sie irrte durch stille Straßen, kam über weite Plätze und verlor sich in engen Winkeln. Doch nirgends tat sich eine Tür barmherzig auf, und niemand rief die bedrückte Mutter. Ihre Glieder waren wie Blei und ihr Körper müde und zerbrochen.

So gelangte sie vor ein Herberghaus, aus dem es laut und lustig in die Nacht herausscholl. Maria trat in die offene Tür und bat den Schenkwirt mit milden Worten um ein Lager. Der schüttelte den Kopf: »Was denkt Ihr denn, Frau, Euch kann ich nicht beherbergen. In meiner Stube sitzen die Bauern und die Händler, die zechen und lärmen und spielen die ganze Nacht und zahlen gut. In diesem Haus ist kein Ort für Euch! Schaut zu, wo man Euch aufnimmt!« Die müde Frau musste wieder hinaus in die Nacht. Weiter wankte sie, an verschlossenen Häusern vorbei, straßauf, straßab. So geriet Maria endlich vor eine niedere Hütte, bei der ein rotes Feuer glomm. Unter dem schwarzberußten Vorbau, dessen Dach weit in die Straße hineingriff, stand ein Schmied vor seiner Esse und zog den Balg, dass die Funken sprühten und das Eisen bald feuerrot, bald hellweiß aufglühte. Ihn redete die Wandernde an: »Ach, lieber Schmied, habt Ihr kein Lager für mich müde Frau, habt Ihr keinen Platz, wo ich mein Kind erwarten kann? Die Glieder versagen mir den Dienst, und nirgends finde ich in dieser Stadt ein offenes

Haus. Ich will auch mit dem Geringsten, was Ihr mir zuweisen wollt, zufrieden sein!« Doch der Schmied wandte kaum das Gesicht und fertigte sie mit harten Worten ab: »Hab' weder ein Lager noch die Zeit, mich um Euch zu kümmern. Mich geht's nichts an, wo Ihr unterkommt, und stört mich nicht in meiner Arbeit.« Da wurden der lieben Frau die Augen nass, und im roten Feuerschein der Esse rollte es wie blutige Tränen über ihr Antlitz. Sie fasste sich ein Herz und fragte den Mann: »Meister, sagt mir, was schmiedet Ihr und hämmert da noch in später Nacht und wacht, anstatt zu schlafen?« Der Schmied hielt einen Augenblick inne in seiner Arbeit, griff mit der Zange nach dem großen, langen, schweren Nagel, den er im Feuer hatte, und zeigte ihn Maria: »Ich schmiede eiserne Nägel, womit man den Messias, der bald zur Welt kommen soll, an ein Kreuz schlagen wird. Die schmiede ich!« Da brach der laute Schmerz aus dem gequälten Herzen der Gottesmutter. In heißer Furcht vor den Menschen lief sie wieder hinaus in die Verlassenheit der Nacht.

In Pein und Kummer setzte sie ihren nächtlichen Weg fort und geriet wieder an die Mauern der Stadt, ohne ein Obdach gefunden zu haben. Sie wusste nicht, wohin mit ihrem Leid und ihrem armen Körper. Es war ihr, als müsse sie zerbrechen und vergehen. Da hörte sie die Stimme eines brüllenden Rindes. Sterbensmüde wankte sie dem Laut entgegen, der aus einer niedrigen Hütte drang, und flüchtete dorthin in ihrer Not und Einsamkeit und barg sich im dunklen Winkel. Der ärmliche Stall, der sie aufgenommen hatte, besaß keine ganzen Wände, kein ganzes Dach. Die Sterne schauten durch die Giebelsparren, und der Nachtwind fuhr da pfeifend und kalt ein und aus. Vor einer Krippe standen Ochs und Esel. Nieder hingen die rohen Balken, und auf dem harten Steinboden lag kaum eine Hand hoch altes Stroh. Und doch schloss der verlorene Winkel bald in sich Himmel und Welt.

Denn um die Nachtwende gab Maria dem Gottessohn das Leben. Sie legte das Kind in die hölzerne Krippe, aus der die Stalltiere fraßen, breitete ihm mit behutsamen Mutterhänden Stroh unter und wickelte es in ihr Schultertuch. Und es war gebettet in die zärtlichste Liebe und zugedeckt mit den süßesten Gedanken.

Als der Morgen nicht mehr fern war und die ersten Sonnenstrahlen in die niedere Hütte fielen, da kam mit ihnen ein junges Mädchen in den Stall herein. Es war die Tochter jenes Schmiedes, der die Gottesmutter abgewiesen hatte, weil er an den Kreuznägeln hämmern musste. Der glücklichen Mutter sprang das Herz vor Freude weit auf, als sie nach den Stunden ihrer Not den ersten Menschen sah; in freudiger Liebe rief sie das Kind zu sich her:

»Komm und wiege mir mein Jesukind in den Schlaf!« – »Ach, könnt' ich es nur wiegen«, klagte das Mädchen, »aber meine Hände sind tot, und wie verdorrt sind meine kranken Arme!« – »Komm, Kind, berühre das Tuch, in das ich das Kind gewickelt habe, und deine Hände und Arme werden wieder leben!« – »Ach«, tat das Schmiedskind noch trauriger, »ich kann ja das Kind und sein Tuch nicht sehen, ich bin ein armes, blindes Ding!« – »So fasse an die Krippe, die da vor dir steht, und du wirst das Augenlicht wiederhaben!« Zaghaft tastete das Mädchen um sich, kam näher, berührte die Krippe und das Kind und plötzlich fiel die Nacht von seinen Augen ab, und aus strahlend hellem Gesicht schaute es wie erschrocken in die unbekannte neue Welt und hatte wieder fühlende Hände und greifende Arme.

Das große Glück verwirrte fast seine Sinne, dass es die Mutter und das Kind vergaß und heim zum Vater lief und ihn mit frohen Augen anlachte und ihn mit glücklichen Armen umhalste. Dem Mann entfiel der Hammer, er rieb sich die Augen und betastete in namenlosem Glück sein Kind, streichelte ihm die Arme und Hände, die nimmer taub und lahm waren und blickte ihm tief in die Augen, die ihre graue Blindheit verloren hatten, und bestürmte es mit Fragen, was für ein Wunder mit ihm geschehen sei. Und als ihm das Kind berichtet und erzählt hatte, dass die schöne Frau, die am Abend um ein Nachtlager gebeten hatte, die Mutter des in dieser Nacht geborenen Jesuskindes sei, da ließ der Schmied Hammer und Esse und lief, wie er war und was er konnte, hinaus zu dem Stall, warf sich nieder vor der Mutter und dem göttlichen Kind und bat mit gerungenen Händen um Trost und Gnade: »Ach, hätte ich gewusst, dass Ihr Gottes Mutter seid, ich hätte Euch das herrlichste Lager bereitet, ich hätte Euch ein Gemach von Gold und Silber geschaffen! Das eigene Haupt hätte ich auf harte Steine gelegt und die Füße auf spitze Dornen! So aber habe ich den Tod verdient und die ewige Verdammnis!«

Die göttliche Frau aber tröstete den verzagten Mann, dem die Tränen über das schwarze Gesicht rollten. »Geht hin und glaubt! Dem Reuigen tut sich der Himmel auf!«

Der Schmied lebte noch lange als frommer und gläubiger Mann, schlug Hufeisen und machte Schlüssel und hämmerte nicht mehr an den drei eisernen Kreuzesnägeln.

(Aus Böhmen)

Der Hirt im Federbett

Wo war's, wo war's nicht? Es war einmal – so weiß man in Holland zu erzählen – ein braver Hirt, der hatte es gut bei seinem Herrn und schlief im warmen Federbett. Als er sich gerade von einer Seite auf die andere legen wollte und behaglich brummelte, da wurde er plötzlich munter. Weiß nicht woher – es war ihm mit einem Male der Gedanke an das arme Christuskind in den Sinn gekommen, von dem sie erzählt hatten, dass es kalt und bloß auf einer Hand voll Stroh in einer elenden Holzkrippe lag und sicher jämmerlich fror, denn es war ja um die winterliche Sonnenwende. Ganz deutlich stand dem Hirten – er wusste nicht, war's Wachsein oder Traum – ein Bild vor Augen, wie der Heiland der Welt in nackter Armseligkeit im harten Viehtrog lag und er, der Hirt, gleich daneben wohlig weich und kuschlig warm im Federpfühl. Das ist wohl ein Unrecht, dachte er, dass du, der du ein festes Mannsbild bist, es dir so gut gehn lässt und so ein armes Wiegenkind, so ein klägliches Wutzelchen, so jämmerlich frieren muss. Und mit einem Satz war der Hirt aus den Federn und nahm sein Federbett unter den Arm, um es dorthin zu tragen, wo er das Christuskind im Traume gesehen hatte.

Und wie er so mit dem schön bunt karierten Federbett, das er über die Schulter gehängt hatte, bloßfüßig über die abgeweideten winterlichen Felder wanderte, stand unversehens ein lichter Engel vor ihm: »Sei ohne Sorg' und Kummer, du guter Mensch! Wenn das Christkind friert, dann geschieht es allen Menschen zuliebe und auch um deinetwillen, denn Leiden und Entbehren lernt man nur am Vorbild und dann am eigenen Leib. Du aber sollst für dein so kleines und doch so großes Herzensopfer dereinst an Jesu Seite im Himmel sitzen, und wenn man den Christtag einläuten wird, dann darfst du mit dem Jesuskind zusammen dein Bett auf die Erde ausschütten, dass die Federn lustig niederwirbeln!«

Wenn es nun am Christtag schneit, das muss man wissen, dann ist der Hirt an der Arbeit und schüttelt sein Federbett aus, dass die Flocken lustig tanzen und alles in Schneeweiß gehüllt wird. Und Busch und Baum und Wald und Feld schlafen ruhig und wohl unter der Decke, die wie Flaum federweich vom Himmel kommt, den Flocken und Daunen aus dem Federbett des braven Hirten von Anno dazumal.

(Aus den Niederlanden)

Die sprechenden Tiere

Schnell wie der Flug des Gedankens drang die Kunde von dem frohen Ereignis im Stall zu Bethlehem zu den Tieren, die ja viel klüger und hellhöriger sind als wir grundgelehrten Menschen. Bald wussten es alle Geschöpfe, die auf dem Feld und die im Wald und die in Haus und Hof. Und alle jubelten und schnatterten und kakelten und gackerten und waren voller Freude. Laut und aufgeregt erzählten sie einander das große Geschehnis. »Habt Ihr schon gehört, Frau Nachbarin …!« Und: »Herr Gevatter, was sich nicht alles begibt!« – »Wer weiß noch nicht, wer hat noch nicht gehört?« Der Hahn schlug um Mitternacht plötzlich mit den Flügeln, streckte sich, so lang er war, und rief: »Kikeriki, Christus ist hie!« Und der Hund, der sonst so wachsam, es eigentlich früher hätte wissen sollen, fragte gleich: »Wo, wo, wo, wo?« Die Ziege aber, die wusste es genau, und meckernd belehrte sie ihn: »In Bethlehem! In Bethlehem!« Und ein Lämmchen setzte hinzu: »Mecht' hingehn!« Und der Esel, ein wenig verschlafen, gähnte: »I'-a!!« Die Henne aber, die wusste, was Lebensart ist, reckte den Hals, machte sich schleunigst auf den Weg und forderte alle Tiere auf, gleich mitzukommen: »Geht nur gleich hin, geht nur gleich hin!«, so gackerte sie. Und so rief es eins dem andern zu, und im Augenblick wusste es die ganze Welt, dass Christus geboren sei. Nur die Schnecke war zu spät gekommen. Sie ist eben ein sehr bedächtiges und langsames Geschöpf. Aber da die Schnecke doch nicht viel hätte mitsprechen können, war es nicht so schlimm, dass sie zu spät gekommen ist.

Den sprechenden Tieren aber blieb zum Dank und zum Gedächtnis an diese Stunde die Gabe, dass sie sich in der Christnacht unterhalten können wie die Menschen. Und wer's nicht glauben will, der spitze nur in der Weihnachtsnacht genau Glock zwölf die Ohren, und er wird die Tiere sprechen hören. Und mancher hat in dieser Stunde schon manches gehört, dass er glaubte, seinen Ohren nicht trauen zu dürfen.

(Aus der Steiermark)

Das Glühwürmchen

Oben im dunklen Gebälk der Hütte, in der das Jesuskind in der Krippe lag, saß ein winziges Johanniskäferchen und guckte ganz verwundert zu, was dort im Stall geschah. Es schaute auch einmal mit einem Auge durch eine Lücke im Dach und da sah es voll Staunen den großen Stern, der nahe am Himmel hing. Und mit dem anderen Auge, da spitzte es durch einen Bretterspalt hinaus ins nächtige Land und sah, wie ein Engel den Hirten auf dem Felde die frohe Botschaft verkündete, und es hatte so feine Ohren, wenn sie auch ganz klein waren, dass es verstand, was der Engel Ungewöhnliches zu berichten hatte. Da beschloss das Käferlein, es dem Engel nachzutun und die Tiere im Walde zu benachrichtigen, was Wunderwichtiges sich in der Welt zugetragen hätte.

Es flog hinüber aufs Feld, dass es den schimmernden Engel fände und von ihm ganz genau erführe, welche Botschaft in den Wald zu tragen sei. Der Engel sah erst das kleine Helferlein nicht, sondern hörte nur, wie es seine Bitte vorsummte. Gern las es dem Würmchen den genauen Text vor, und als es voll Eifer auf und davon wollte, da griff er rasch in sein goldenes Haar, in dem ein lichtleuchtender Schein glühte, nahm ein Fünkchen davon und heftete es dem Johanniskäferchen zwischen die Flügel, dass es wie ein funkelnder Diamantenstein leuchtete. Dann flog's dahin und ließ sein neues Laternchen aufleuchten und flog von Busch zu Busch und von Blume zu Blume, von Baum zu Baum und weckte die Vögel und die Käfer, die Libellen und die Schmetterlinge, die großen Tiere, die Frösche im Sumpf und auch die Würmer, die neugierig aus der Erde guckten. Die staunten alle gar sehr, als sie das fliegende Lichtlein sahen und erkannten, dass es das Johanniswürmchen sein müsse, das da mit seinem Lampion im Dunkeln umherzog. Und alle Tiere im Wald und auf der Heide vernahmen die frohe Kunde vom himmlischen Kind. Als das Glühwürmchen, wie es von nun an genannt wurde, seine weite Runde vollendet hatte, da flog es gleich einem ziehenden Himmelslicht nimmermüde zurück zum Stall, wo die Mutter im dunklen Winkel beim Kindlein wachte, und es leuchtete ihr getreulich in der stillen Nacht und löschte sein Lämpchen erst aus, als der dämmernde Morgen heraufzog.

(Deutsch)

Das Heupferd

Die Tiere im Stalle zu Bethlehem waren hungrig und schrien nach Futter. Das schnitt Maria, der guten Mutter, ins Herz und sie sorgte sich zu all ihren Nöten auch noch um die klagenden Tiere. Aus allen Winkeln und Ecken des Stalles trug sie die verstreuten Heuhalme zusammen, aber es war kaum eine Hand voll, was sie da für die Tiere fand. Da machte sie sich auf, ließ ihr Kind allein in der Obhut der Tiere und lief zum Bauern und bat ihn mit milden Worten um etwas Heu für ihre Getreuen im Stall. Doch barsch wies der Mann die bittende Frau ab: Er habe selbst kaum etwas in seiner Scheune, denn das Mähen überließe er lieber anderen Leuten, der Sommer sei zu schön, um auf dem Feld zu stehen, einen krummen Rücken zu machen und zu schwitzen. Da half der Mutter Maria kein Bitten, der Mann schränkte die Hände hinter dem Rücken und schüttelte den Kopf: »Nix da, Bettelvolk!«

Aber jetzt liefen Wolken über das Gesicht der lieben Frau, die so in ihrer Sorge und Not enttäuscht war. Hart war ihr zürnendes Wort: »Wer für die Bittenden und Armen nichts übrig hat und ein Faulpelz ist und nicht arbeiten will, der hat einen Denkzettel verdient. Lebenslang sollst du Gras mähen müssen, von früh bis spät, Halm um Halm, ohne selbst etwas davon zu haben!« Und während der Mann noch höhnte und lachte und »Papperlapapp, wäre ja gelacht! Haha! Hehe! Oho!« sagte, da war Marias Wort wahr geworden. Der Mann schrumpfte plötzlich in seine grüne Schürze hinein, wurde klein und kleiner und ganz klein, seine Arme und Finger wurden spindeldürr und die Beine ellenlang, und schon hüpfte er als grasgrünes Heupferd auf seinen Stelzbeinen davon, und nun muss er den langen, lieben Tag das Gras Halm um Halm abschneiden. Und wenn er einen dürren Haufen beisammen hat, dann kommen die Maulwürfe und die Vögel und die Ameisen und zuletzt der Wind und tragen ihm die Halme weg, ohne sich lange zu bedanken. Der grüne Heuschreck aber steht da, raunzt und graunzt in sich hinein, fuchtelt mit den langen Beinen und hat das Nachsehen, wenn er auch mit seiner ganzen Gevatterschaft noch so zirpt und schnarrt und schimpft.

(Aus Rumänien)

Die Nachtigall

Aus der stillen Hütte klang das Lied Marias. Sie wurde nicht müde mit Singen, um das Jesuskind in Schlaf zu wiegen. Sie sang ihm von den Engeln und vom Himmel, von Gott dem Vater, von der Schönheit der Welt und vom kommenden Frühling. Sie erzählte ihm von der Liebe und vom Leid. Wie leiser Glockenklang kam es von ihren Lippen, und immer sanfter und stiller wurde die Weise, bis das Kind eingeschlafen war.

Doch eines Tags, da kamen die Töne nur mühsam und gebrochen aus Marias Kehle. Sie hatte sich in den langen Nächten heiser gesungen, ihre Kehle war wund und krank und es gelang ihr nicht, dem Kind den Schlaf zu bringen, soviel sie sich auch Mühe geben mochte und sacht die Krippe schaukelte, wie es die Mütter seitdem mit allen Kinderwiegen machen.

Da sang es plötzlich aus der Ecke nieder, wo unterm Hüttendach die schwarzen Balken zusammenstießen. Ein kleiner Vogel saß dort droben, der hatte der Mutter Gottes heimlich all die schönen Lieder abgelauscht, mit denen sie das Kind in Schlaf zu wiegen pflegte. Nun flatterte das Vöglein nieder und setzte sich auf die Schulter Marias und begann zu singen und zu jubeln, so schön, so fein, dass man es gar nicht sagen kann. Und rasch und sacht waren dem Kind die Augen zugefallen, als hätte es die Mutter in den Schlaf gesungen.

Jetzt schwieg der Vogel und legte seinen kleinen Schnabel hinter das rosige Ohr der Mutter Gottes, wie wenn er ihr einen ganz feinen Kuss geben wollte. Dann machte er sich auf, um fortzufliegen. Da streichelte Maria dem lieben Vogel über das braunseidige Gefieder: »Kleines Vogelherz!«, flüsterte sie, »du sollst von nun an meine Stimme in dir tragen und sollst alle meine Lieder wissen und sie nie vergessen, damit du den Menschen von Leid und Freud singen kannst und von der Sehnsucht nach Glück und Frieden. Glockenschlag und Silberklang soll in deiner kleinen Kehle wohnen, Jubel und Jauchzen, Schmelz und Triller. Und nun flieg dahin und singe!«

Und seit dieser Stunde singt die Nachtigall mit der göttlichen Stimme Marias. Des Abends, wenn die Zeit kommt, wo man die Kinder in den Schlummer wiegt, dann sitzt sie im Gebüsch und schlägt und jubiliert und lacht und weint. Dann fallen den kleinen Kindern die müden Augen zu, den großen Kindern kommen die schönsten Gedanken und die verliebten Leute küssen sich, wenn sie die Lieder des Marienvogels hören. Und die Wasser fließen stiller, die Vögel und die Tiere lauschen in die Nacht, und sogar die Bäume hören auf zu flüstern. Und alle, alle wiegt das Vogellied in Schlaf und Traum. Ja, selbst dem Sterbenden wird das Heimgehen leicht, so wunderbar vermag die Nachtigall zu schlagen.

(Aus Malta)

Vom Zaunkönig

Der Zaunkönig ist eines der Geschöpfe, die man im ganzen Land »Gottes liebste Tiere« nennt. Der Zaunkönig schlief in der Christnacht in seinem winzig kleinen Nest. Da hörte er von ungefähr, so halb im Traum, eine Stimme, die erzählte, dass in dieser Nacht das Jesuskind in die Welt gekommen sei und zu Bethlehem im Stalle in der hölzernen Krippe liege. Da sprang der Zaunkönig mit einem Satze aus den Federn, streckte ein paarmal die Flügel und machte sich augenblicklich auf die Reise. Schnell wie der Wind kam er angeflogen, fand den Stall und das Kind, setzte sich an den Krippenrand, machte seinen Diener und zwitscherte ein richtiges Sonntagslied als Willkommen für das liebliche Kind. Als der Zaunkönig nun aber sah, wie elend und dürftig das harte Strohlager in der Krippe war, das sang er rasch seine Melodie zu Ende, huschte aus der Tür und war auf und davon. Aus dem Wald trug er in seinem kleinen Schnäbelchen eifrig weiches Moos zu Hauf und holte den schönsten Flaum aus seinem Neste, um dem Neugeborenen ein lindes Lager zu bereiten.

Während aber der kleine Vogel unterwegs war, kroch eine dicke Spinne aus dem alten Gebälk, drehte einen feinen Faden und spann daran ihr Netz, gerade über dem Gesicht des schlafenden Jesuskindes. Arg erschrocken wischte es die Mutter weg, denn sie fürchtete, das Gespinst könne dem Kinde in die Augen kommen und ihm Schaden tun. Aber die Spinne kümmerte sich nicht weiter darum und fing sofort wieder an, von neuem ihre Fäden zu drehen, und schnell hatte sie abermals ihr feines Gewebe fertig, das wie ein Schleier des Kindes Gesicht überzog. Das sah der Zaunkönig, der gerade mit einem Bündelchen Vogelflaum angekommen war und es in die Krippe stopfen wollte. Er sprang, ohne lang zu fragen und zu reden, herzu, sperrte den Schnabel auf – und schon hatte er die garstige Spinne verschlungen. Des war Maria herzlich froh, und sie dankte dem lieben kleinen Helfer und verlieh ihm und seiner Familie zum Lohne den königlichen Namen, den er voll Stolz noch heute trägt.

(Aus Frankreich)

Die Weihnachtsrosen

Zwischen Ochs und Esel gebettet lag das Jesuskind im Stall auf elendem Heu. Maria im blauen Kleid wachte bei der Krippe und verträumte sich in ihr Glück. Joseph hatte die rauhen braunen Hände gefaltet und betete mit murmelnden Lippen. Der Ochs brüllte: »Muh, muh, welch großer Tag!«, und der Esel rief: »Wie schön ist das Kind, j-jah!«

Die Nacht kam und es stürmte draußen und schneite und fror. Ein Flockenschleier hing manchmal vor dem großen Stern, der tief am Himmel stand; aber sein Leuchten war so gewaltig, dass er alles mit Helle überflutete und den Stall und sein heiliges Geheimnis in lichtes Glänzen tauchte. Es waren aus dem fernen Morgenland die drei Heiligen Könige gefahren, geritten, gezogen gekommen. In kostbarstes Brokatgewand, in schwere Samte gehüllt, angetan mit dem Schmuck der köstlichsten Edelsteine, umknieten sie das Kind, das mit großen offenen Augen und gebreiteten Ärmchen in der Krippe lag, und brachten ihm Gold, um in ihm den König aller Könige zu ehren, und schenkten Weihrauch, der in wundersamen Gerüchen aufschwelte, um Gott in ihm zu erkennen, und sie legten allesheilende Myrrhen nieder an der Wiege für den Heiland und Menschensohn.

Und es waren aus ihren Pferchen die Hirten vom Felde gekommen und opferten ein Lämmlein und ein Zicklein, schenkten eine Taube und ein Kuhhorn, aus dem man trinken konnte, und einer brachte eine Hirtenflöte, und Ysambert, der Alte, hatte einen richtigen Holzkalender gefertigt, der die Tage und Monate anzeigte. Eine Kinderklapper zog Aloris aus seiner Hirtentasche, die hatte er selbst geschnitzt und sie machte klipp-klapp und das Jesuskind lachte und griff nach der lustigen Klapper. Hinter den großen Hirten stand in scheuer Furcht ein kleines Hirtenmädchen in zerschlissenem Fähnchen. Es hob sich in neugieriger Andacht auf die Zehenspitzen, damit seine blauen Augen auch etwas sähen. Aber die breiten Schultern der Männer deckten schier alles zu, und so musste es zwischen den Hirtenbeinen durchgucken. Was es da sah, war ein gar großes Erleben für das Kind, und als es das herzgoldige Kind in der Krippe erblickte, da hätte das Mädchen das Wiegenkind am liebsten an sich gedrückt und es geherzt und auf den Armen geschaukelt und ihm die allerschönsten Geschenke gebracht. Aber es hatte ja nichts zu geben, ein Kirchenmäuslein hätte eher etwas zu verschenken gehabt als dies bettelärmste Kind. Seine vom Kartoffelhacken und Reisigsuchen abgearbeiteten Hände waren leer, ganz leer. Da kamen ihm über seine Armut die bitteren Tränen.

Hoch von seinem Wolkenthron herab sah der Engel Gabriel das Mädchen in seinem Leid und er stieg vom Himmel nieder, kam unvermerkt herein in die armselige Hütte und erfragte des Kindes Kummer: »Ach, ich möchte gleich den anderen dem Kindlein in der Wiege ein Geschenk bringen und habe nichts.« – »Was möchtest du ihm denn schenken?«, fragte die milde Engelsstimme. »Die Hirten und die Könige haben dem Jesuskind ja schon alles gebracht, was man sich nur ausdenken kann.« – »Haben sie denn wirklich nichts vergessen?«, forschte der Engel weiter, »denk einmal nach!« Das Hirtenmädchen hatte nicht lang zu überlegen: »Ja, wenn ich ihm Rosen bringen könnte, weiße oder rote Rosen! Das Kind hat ja nicht ein einziges Blümchen bekommen und es ist doch heut sein erster Geburtstag. Aber es ist ja tiefer Winter und der Frühling mit seinen Blumen ist noch so weit.«

Da nahm der Engel das Mädchen bei der Hand. Sie gingen hinaus aufs verschneite Feld, und es war lichte Helle um sie her. Der Engel schlug mit seinem Stab auf die Erde, und da geschah das liebliche Wunder: Es sprossen überall kleine Blumen hervor, köstliche wilde Rosen. Aus silberweißen Kelchen, deren Blätter zarter waren als feinster Alabaster, leuchteten die Honigblätter als goldenes Kreuz wie ein Abbild des strahlenden Himmelszeichens, das überm weißen Schneefeld stand. In seiner Schürze sammelte das arme Hirtenkind die Christrosen und lief hinein in den Stall und schüttete seinen Blumensegen aus über die Krippe und das Kind, dass es ganz in Blüten gebettet war. Und es durfte auch, wie es sich so sehnlich gewünscht hatte, das Christkindlein in seinen Armen wiegen und herzen und das göttliche Kind drückte seine Lippen auf einige der Blüten, die rosafarben aufschimmerten wie die küssenden Lippen. Und seither hat Weihnachten seine festlichen Rosen, die weißen und rosaroten Christrosen.

(Aus Frankreich)

Die Hirtenlegende

Ach, ach, ach – das Christkind in der Wiege zitterte vor Kälte und bebte wie ein kleines nacktes Vögelchen im Nest. Die Mutter Maria hatte selbst keine warmen Hände und steckte die eiskalten Finger unter die Achseln. Da warf der Vater Joseph geschwind seinen steif gefrorenen alten Kapuzenmantel um und lief hinaus, um irgendwo ein wärmendes Feuerlein zu holen.

Als er draußen vor dem Stalle in der klirrenden Kälte stand und Umschau hielt, war nirgends ein Licht, nirgends ein brennendes Feuer. Nur der große Wunderstern stand über ihm am Himmel und leuchtete so herrlich und wärmte doch kein bisschen. Aber es musste ein Feuer herbeigeschafft werden, es musste sein! »Vielleicht finde ich bei den Hirten draußen in der Campagna ein Lagerfeuer«, dachte Sankt Joseph und lief übers Feld. Und richtig – dort leuchtete ihm aus der Nacht ein Haufen rot lodernder Glut entgegen. Drei Hirten saßen inmitten ihres Pferches um das Lagerfeuer und würfelten die Nachtwache aus. Ein Hund, der der wachsamste und bissigste aller Schäferhunde war, hatte genaue Acht auf seine Schäflein in den Hürden. Er ließ kein lebendiges Wesen, sei's Tier oder Mensch, an den Pferch oder gar in die Hürde, und mit seinen scharfen Zähnen zerriss und zerbiss er, was immer sich unberufen in sein Gehege wagen wollte.

Jetzt hatte Joseph den Pferch erreicht, machte das Gatterchen auf und trat ein. Doch siehe – der Hund lief zu ihm hin, knurrte nicht, bellte nicht, biss nicht, sondern bewillkommte den späten Fremdling mit frohem Schweifwedeln. Waren die Schäfer nicht wenig verblüfft und fragten bei sich, was das Tier nur habe, dass es so verwandelt sei. Aber Joseph kam näher, und einer rief, was er wolle. »Gebt mir ein bisschen Feuer ab, ihr lieben Leute; mein Kind, das nicht viel älter ist als die Wegzeit, die ich hieher zu euch verlief, erfriert mir sonst in der argen Winterkälte!« – »Wenn's weiter nichts ist als Feuer«, meinte der Oberhirte, »dann nur immer zugegriffen!« – »Aber heh, Alter!«, sagte ein anderer, »worin willst du denn die Glut nach Hause tragen? Worein soll man sie dir tun?«

Sankt Joseph aber zog seine Kapuze ab, drehte den Zipfel wie eine Tüte aus und sagte: »Dahinein!« Da lachten die drei, dass es schepperte und meinten, da käme er wohl nicht weit mit einem solchen Gefäß. Das würde ja sofort lichterloh brennen. »Das ist meine Sorg' und macht auch nichts«, erwiderte Joseph, »gebt mir nur rasch mein Feuerchen!« – »Na, wenn er's nicht anders haben will, dann nur immer hinein in die Zipfelmütze!«, lachten die Hirten, holten Glut und brennendes Holz von ihrem Feuerhaufen und schüttelten ihm das Feuer in die aufgehobene Kapuze, wie wenn es Erdäpfel wären. »Gute Reise«, riefen sie ihm lachend zu, als er sich dankend verabschiedete.

Und wie Sankt Joseph ging, da schauten sie ihm verwundert nach, denn die Glut blieb wohl verwahrt in ihrer Hülle. »Stotzhagel!«, sagten sie, und schon schloss sich der Hund dem Fremdling an und rieb zutunlich seine Schnauze an Josephs ausgreifenden Beinen. Da half kein Rufen und kein Pfeifen. Den Hirten kam das doch ein wenig merkwürdig vor: »Das geht hier nicht mit rechten Dingen zu!«, sagten sie und sprangen auf, um voll Neugier dem Alten nachzueilen. Der aber schritt in beeiltem Gang schon ferne über das Feld und trug sein gewonnenes Feuerlein sicher nach Haus.

Da sprang etwas Wunderbares wie eine himmlische Sternschnuppe aus der Höhe des Firmamentes hernieder aufs Feld, mitten unter die laufenden Hirten hinein. Und in dem lichten Glorienschein stand ein silberner Engel, der rief die staunend Stehenden also an: »Eilt nur, ihr Hirten, und lauft! Ich bringe euch freudigste Kunde. Lauft hin in den Stall, in den euer Feuerlein schon vorangelaufen ist. Dort findet ihr in der Futterkrippe auf bloßem Stroh ein Kind, seine himmlische Mutter und den Vater, eben den, dem ihr folgt. Das betet an und lobsingt ihm, denn dieses Kind ist der Gottessohn, den die Welt erwartet und der das Glück und der Frieden des Herzens ist. Betet und jubelt: Halleluja!«

Und dann war der Engel ebenso gottswunderbar, wie er erschienen, wieder vom irdischen Boden verschwunden. Über dem Stalle aber glänzte das Licht des Sternes hell und groß wie eine Nachtsonne. Noch standen in starrem Verwundern die Hirten. Jetzt aber gaben sie ihren stehenden Beinen einen Tritt und sprangen übers Feld hin nach dem Stalle. Und im Laufen schaute rasch ein jeder in den Hirtensack, ob nichts darin wäre, das man dem Himmelskinde mitbringen könnte. Und einer fand einen Schnitt Topfenkäse im Ranzen, weiß und ganz frisch, der zweite hatte eine Taube im Sack, und der dritte triumphierte und hielt ein Kaninchen bei den Ohren in die Höhe.

So kamen sie in den Stall und fanden alles, wie es der Engel verkündet hatte. Und der heilige Josephsmann kniete dort bei der Krippe und blies in das wärmende hellflammende Feuerchen, das er in der Kapuze geholt hatte.

(Aus Sizilien)

Der Stein der Weisen

Es stand in alten, verlorenen Schriften geschrieben, dass sich auch zwölf wunderweise Magier aus dem fernen Lande Persien auf den Weg gemacht haben, dem neugeborenen Christ-König zu huldigen, von dem man sagte, er sei mächtiger als alle Könige der Welt.

Sie zogen aus von Saba, wo sie einen Ort bewohnten, der heute Kalasata perinsta heißt. Unter ihnen war Hor, den sie den König der Perser nannten, der weiseste aller Magier, und Basanater, König von Suba, und Karsudan, ein Fürst aus den östlichen Landen.

Ihre Fahrt, die sie in Wägen und mit Kamelen und ansehnlichem Gefolge zurücklegten, ging über weite Strecken und war voll Mühsal und Beschwer, bis sie Jerusalem, die große Königsstadt, erreichten. Dort hofften sie zu erkunden, wo sie ihr Ziel zu suchen hätten. Hier ließen sie ihre Wagen zurück und bestiegen die Kamele, denn am Himmel war ein ungekanntes wundersames Zeichen, ein Stern mit leuchtendem Schweif erschienen, das sie führte und leitete und das aus seiner Bahn zur Erde wich und stille stand, als sie sich dem heiligen Orte näherten. Die Magier aber fanden anstelle des erwarteten prunkvollen Palastes und eines reichen Hofes und Staates, wie es einem Könige zugestanden wäre, anstelle von Dienern und Höflingen – nur eine kahle, kalte Höhle, ein armseliges Kindlein, das schier nackt und bloß in einem steinernen Futtertrog lag, den eine arme Mutter und ein armer Vater umsorgten.

Aber das himmlische Zeichen, das nun stille stand, ließ die Unglaubenden erkennen, dass der Ort und das Kind das gesuchte Ziel wäre. Und so breiteten sie ihre Gaben aus, Gold und Myrrhen, das wunderduftende Harz, das jede Krankheit und alle Wunden heilt, und köstlichen Weihrauch und begrüßten das Kind gleich einem Könige.

Da griff das Kind mit seinen zarten Händen nach dem steinernen Rand der Krippe und brach ein Stück davon ab und reichte es im Zeichen des Dankes den Magiern. Doch als diese von dannen zogen, zurück in ihre Lande, und den Stein, den ihnen das Christuskind zum seltsamen Geschenke gegeben hatte, mitnehmen wollten, da war dieser von solchem Gewichte, dass keiner der Männer vermochte, ihn zu heben. Und die Pferde, die man damit beladen hatte, brachen zusammen unter der Schwere. Da sprachen die weisen Magier bei sich: »Was soll uns dieser unbändige Stein? Was nützt er uns? Er ist von keinem Werte!«

Es war in dieser Gegend eine tiefe Zisterne. Da hoben die Männer mit vieler Gewalt den Stein über den Rand und warfen ihn in die Tiefe des Brunnens. Aber – als der Stein versunken war, da schoss mit jäher Furchtbarkeit ein niegesehener schrecklicher Feuerglanz aus dem Zisternengrunde auf, lodernde Garben und flammende Blitze wurden aus der Tiefe geschleudert und wallten auf wie ein quellender feuriger Strom, stiegen gleich einem springenden Brunnen hoch in den blauen Äther.

Da erkannten die Magier, was sie verfehlt hatten und dass es ein mächtiger König und ein allmächtiger Gott sein müsse, der ihnen den Stein gegeben hatte. Und sie bereuten ihr Tun. Von dem Feuer aber nahm ein jeder von ihnen einen brennenden Teil mit sich und brachte es flammend und lodernd in seine persische Heimat.

Und sie beteten von nun an zu dem Feuer wie zu einem Gott und fielen auf die Knie, wenn sie Brennendes sahen. Wenn durch ein Unglück einmal ihre Lampen und Feuerstätten erloschen, so scheuten sie auch nicht die weiteste Reise, um aus jenem Brunnen neues Feuer zu holen. Saba und der Ort, an dem die Magier das heilige Feuer verwahrten, heißt noch in heutiger Zeit Kalasata perinsta. Und das will sagen: Schloss der Feueranbeter.

Auch der Brunnen der Weisen wird noch heute den Reisenden gezeigt. Und man sagt, wer reinen Herzens in seine arge Tiefe blickt, soll dort über dem Wasser noch das Feuer brennen sehen. Einige glauben, es sei der himmlische Stern, der einst die Weisen nach dem heiligen Ort der Geburt geführt hatte und, als er sein Amt vollbracht, in dieser Zisterne erloschen sei. Glaublich aber scheint es, dass dort in der tiefsten Tiefe jener Stein der Weisen liegt, den Christus durch die Hände der Magier den Menschen überliefern wollte, der gemeine Erde in Gold und gemeines Wasser in das Elixier des Lebens hätte wandeln können. Vergeblich haben sich die Gelehrten aller Völker und Zeiten gemüht, den Stein der Weisen wieder aufzufinden und sein Geheimnis zu ergründen. Es war vergebliches Forschen, denn er ist und bleibt für immer verloren.

(Nach den Apokryphen)

Das erste Wort

Gott hatte an Maria Wunder über Wunder getan. Er hatte sich ihr in ihrer großen Verlassenheit in der Wüste geoffenbart. Auf sein Geheiß waren Datteln gereift und hatten sie gesättigt, und es hatten Blätter ein kühles Schattendach gewebt und hatten sie vor der Sonnenglut beschützt, und es war lebendiges Wasser aus dem Sand gesprungen und hatte sie gelabt. Da war Marias Herz voll Dankbarkeit, und sie gelobte dem Herrn ein dreitägiges Stillschweigen. Es war der Brauch der Zeit, aus Andacht die Lippen zu schließen und stumm zu sein, so wie heute fromme Leute Gebet und Fasten geloben. Maria nahm das göttliche Kind auf den Arm und ging mit ihm in den Tempel, um bei Gott zu sein. Die Priester aber und die Schriftgelehrten im Hause Gottes nahmen Anstoß und Ärgernis am Kommen der Mutter, denn es war nach damaligem Gesetz verboten, ein neugeborenes Kind ungeweiht in den Tempel zu bringen. Und sie machten der Mutter Vorwürfe und gaben ihr harte Worte. Sie fragten: »Ist das hier dein Kind?« Aber Maria verschloss die Lippen und schwieg. Da fragten die Hohenpriester aufs Neue: »Wes Kind trägst du auf dem Arm? Kennst du nicht unser Gebot, dass du es verletzest?« Und Maria schwieg abermals und antwortete nur mit Zeichen. Sie wies auf ihren Mund und auf sich und deutete auf das Kind und die fragenden Männer und schüttelte verneinend das Haupt.

Die Priester aber wurden unwillig, und sie sprachen bei sich: »Was will die unser spotten? Hat ihr der Herr nicht Zunge und Vernunft gegeben? Was weist sie uns an das Kind, wie wenn ein unmündiges Kind uns Red' und Antwort geben könnte an ihrer Statt?« Und sie beschlossen, die Mutter und das Kind aus dem Hause Gottes zu weisen. Sie kehrten zurück zu Maria und wollten schon die Hände heben, um ihren Abspruch wahr zu machen. Aber es richtete sich das Kind im Arm der Mutter auf, öffnete den Mund und sprach: »Ich bin der Diener Gottes. Er hat mich gesandt, er hat mich gesegnet. Ich bin das Wort und die Wahrheit!« Da überfiel es die Tempelpriester und die Schriftgelehrten wie ein kalter Winterwind, und sie duldeten voll Ahnung und Verstehen die Mutter und das Kind in ihrer Mitte im Hause Gottes.

(Aus den Apokryphen)

DIE FLUCHT

»Und Joseph stand auf und
nahm das Kindlein und seine Mutter zu sich
und entwich nach Ägyptenland.«

Vom Esel, der Maria und das Kind trug

Es hatte der König Herodes, der Grausame, seine Soldaten mit Speeren und Schwertern ausgesandt, dass sie erschlagen sollten alle Kinder, nicht nur die Neugeborenen, nein, alle Kinder, die noch nicht zwei Jahre zählten. Denn die Kunde, dass Christus geboren sei, war wie ein Feuer durch das Land gelaufen und auch dem König Herodes zu Ohren gekommen. Der rief in großer Bestürzung seine Minister und die gelehrten Räte zusammen und besprach sich mit ihnen hinter verschlossenen Türen. Die Zuträger hatten es ihm gesagt, dass man das neugeborene Kind den »König der Könige« nenne und es als »Herrn der Heerscharen« begrüße, und dass selbst aus den fernsten Erdteilen majestätische Fürsten und weise Magier gekommen seien, um dem königlichen Kinde zu huldigen. Da fürchtete der König ernstlich um seine Krone und um sein Glück und so hatte er den schrecklichen Kindermord befohlen. Da ward das Land ein einziger Mutterschrei, wie er noch nie gehört worden war, und er hallte von den Bergen in zum Himmel aufklagendem Echo wider.

Und es mussten die Heiligen Drei in aller Stille den gesegneten Ort der Geburt verlassen. Ein fernes Land, das außerhalb der Macht des Kindermörders lag, musste das Ziel ihrer Zuflucht sein. Voll Mühsal aber war der weite Weg dorthin. Er führte über rauhe, wolkenhohe Gebirge und über reißend strömende Flüsse und durch endlose Wüsten, die nur Sand und Öde waren, Hitze und Kälte zugleich. Auf ihren schwachen Füßen konnten die Flüchtenden nie und nimmer die weite, weite Strecke durcheilen. Ein Helfer musste gefunden werden. Joseph, der Vater, ging zum Pferd und bat es mit seinen besten Worten, es möge die Gottesmutter und das Kind auf seinen Rücken nehmen und sie geschwind von dannen tragen. Aber das Pferd hatte taube Ohren, es tat, als höre es die Bitte nicht und rupfte in Gemächlichkeit seine Halme aus der Krippe. Da kam Maria ihrem Josephsmann zu Hilfe und versuchte es mit Bitten, sagte dem Pferd, dass sie verfolgt würden und dass nur das schnellste Ross sie vor dem Zorn des Herodes retten könnte. Aber das Pferd drehte kaum seinen Kopf herum, schielte nur ein wenig nach der flehenden Frau und wandte sich wieder seinem Hafer zu und zermalmte ihn behaglich zwischen den Zähnen. Und es hieb mit dem Schweif um sich, als wollte es eine lästige Sache abwehren und hob gar wie zum Schlage den Huf.

Da ließ das Christuskind einen leisen Klageruf hören, und sofort fiel Unruhe über das Pferd, das, um nichts zu hören, sein Maul tief in den Futtertrog steckte und fraß, was es fassen konnte. Aber es fraß und fraß, und ein Heißhunger kam über das Tier und wich nimmer von ihm. Es stopfte sich mit Heu und Hafer voll und wurde nicht satt und blieb seit diesem Klageruf des Kindleins ungesättigt und hungrig für alle Zeit und ebenso sein Füllen und alle seine Nachkommen. Selbst wenn es gerade von der Futterkrippe kommt, dick angefüttert, dann muss es noch die Baumblätter abraufen, die es gerade findet, und alles, was am Wege wächst, und sogar das Gras, das zwischen den Steinen des Pflasters wuchert. Und weil es damals nicht die Mutter und das göttliche Kind tragen wollte, muss es seitdem den Menschen tragen, der sein Herr ist, und muss schwere Wagen ziehen. So ist des Pferdes Hochmut zu Fall gekommen.

Maria und Joseph aber schauten sich in die betrübten Augen und sannen auf Rat. Sie gingen zum Esel und trugen ihm die Bitte vor. Der stellte seine langen Ohren auf, damit er es auch genau hörte, und obgleich er noch nie etwas vom Reiten gehört hatte, sagte er gleich mit Freuden j-jah und ließ seine schmale Kost im Stich, obwohl er gar nicht gut genährt war, sodass man fast alle Rippen an seinem Leibe zählen konnte. Aber er nahm Maria mit dem Kinde geduldig auf den Rücken, und als sie im Dunkel der Nacht aus der Stadt entwichen, wieherte er vor Freude, dass er nun wie das Pferd ein Reittier sein durfte.

So zogen sie aus: Voran ging der Vater Joseph, barhäuptig und in seinem alten Kapuzenmantel, und trug am langen Stab sein Bündel mit dem Werkzeug. In der Hand aber hielt er eine alte, fast schon zerbrochene Stallaterne, um den Weg zu finden, und betete im Takt seiner schweren Schritte. Den Strick, an dem das Tragtier ging, hatte er an seinen Leibgurt gebunden. Die Mutter im weiten blauen Mantel ritt auf dem Esel, nein, sie thronte dort aufrecht wie eine Königin auf dem Zelter, und hielt das Kind in der weichen Hege des Armes, beugte das Haupt und liebkoste es mit den herzinnigsten Worten. So zogen sie dahin.

Im Lauf der langen Reise aber ward des Esels Rücken wundgerieben vom schlechten Sattel. Die Fliegen setzten sich in Scharen in die blutende Wunde. Niemand wusste zu raten und zu helfen. Doch der Esel trug seine Last und Schmerzen in Geduld und klagte nicht, wenn das Futter schlecht war oder fehlte. Nur manchmal stöhnte er ein wenig vor sich hin: »Ach-i-jah!« In eine Oase kamen sie, und da stand bei einem Baum ein Maultier mit seinem Füllen. Es hatte reichlich Futter, einen ganzen Sack voll, der ihm vom Halfter hing. »Gib unserm armen Esel ein wenig von deinem Überfluss!«, wurde er gebeten. »Hab' selber nicht genug!«, brummelte das Maultier. »Dann komm um Gottes Lohn mit uns und trag die Frau und das Kind nur eine kleine Weile, bis sich der wunde Eselsrücken geschlossen hat!« – »Tragt eure Last nur selbst für Gottes Lohn. – Esel ist Esel!« – Ja, das war des Maulesels Anwort. Gott aber hörte es und sah die hilflose Verlassenheit der Seinen, und strafend nahm er vom Maultier seinen Segen, dass ihm sein Füllen auf der Stelle starb. Es war das letzte seiner Art. Unfruchtbar bis zum heutigen Tag ist das Geschlecht der Maultiere geblieben.

Die Heiligen Drei mussten, wie sie gekommen waren, die harte Reise wieder auf sich nehmen. Es hatte aber Maria dem Kinde die Brust gegeben, und ein Tropfen der mütterlichen Milch war niedergesickert und auf die Wunde des duldenden Reittieres gefallen. Und es schloss sich alsogleich die blutoffene Stelle und war geheilt und gesund. Da dankte Vater Joseph Gott im Himmel und betete und schlug das Zeichen des Kreuzes – und siehe – das Kreuzzeichen fiel nieder auf den Rücken des Esels und blieb haften in seinem Fell als große dunkle Marke und erbte sich fort von Tier zu Tier und feite es vor jeder Gefahr. Alle Zeit ist der Esel geduldig und bescheiden geblieben. Auf der Wüstenreise hatte er Disteln und dürre Kost zu nehmen gelernt, und es hat ihm besser geschmeckt als dem Pferd der schönste Hafer. In seiner Bescheidenheit aber ist ihm das harte Leben nie schwer geworden, und er ist auf diese Weise weit herumgekommen in der Welt, und ist stolz darauf, wenn man einen ungeschickten Menschen »Esel« nennt. Denn er weiß es besser, was ein rechter Esel ist.

(Wallonisch)

Die Huldigung der Tiere

Beim Auszug aus Bethlehem war, so ist es in den Apokryphen erzählt, die Heilige Familie anfänglich von drei Knaben begleitet, die gleichfalls ihre Rettung in der Flucht suchten und sich dem Vater Joseph angeschlossen hatten. Auch Salome, eine Magd, gab in dienstbereiter Verehrung Maria das Geleite. Sie führten einen mit zwei Ochsen bespannten Wagen mit sich, der ihre Habseligkeiten trug, und einen Esel, auf dem die Mutter Gottes ritt, und einige Lämmer. So waren sie bei Morgengrauen aufgebrochen.

Sie kamen in die Nähe einer Höhle; dort glitt Maria mit Anmut von ihrem Reittier und ließ sich auf einem Stein nieder, der wie eine Sitzbank am Wege lag, und hielt das Jesuskind auf dem Schoße. Joseph aber ging in die Höhle, um nachzuforschen, ob sie als Herberge sich eigne. Doch aus der dunklen Kluft stürzten vier ungeheure Drachen hervor, gar fürchterlich anzuschauen. Aus ihren greulichen Rachen zischte dampfender Atem in giftigen roten Schwaden, dass die Wiesenblumen davon wie leblos umsanken. Sie spreizten drohend die scharfgezähnten, riesigen Flügel über den stachlichten Leibern und zückten die Tatzen mit schauerlichen Krallen. Laut schrien die Knaben auf, selbst Joseph taumelte entsetzt zurück, und Maria und die Magd standen vor Schreck wie versteinert.

Das Jesuskind aber stieg herab vom Schoße der Mutter und stand unvermutet auf eigenen Füßen furchtlos und unbekümmert vor den Drachen. Und diese senkten die Köpfe wie in huldigender Demut, hielten den giftigen Atem an und falteten die erhobenen Flügel an den Leib, zogen die Klauen ein und kuschten schier wie zahme Hündchen vor dem Kinde. Und dreimal senkten sie die Häupter, als wollten sie ihren Herrn anerkennen. Dann schlichen sie wie gezähmt von dannen. Das Kind jedoch ging vor ihnen her und gebot ihnen, dass sie keinem Menschen schaden durften. Maria und Joseph aber waren in großer Angst, dass ihrem Kinde von den wilden Bestien am Ende doch ein Leid geschähe. Da tröstete sie das Kind: »Fürchtet nichts von meinen Geschöpfen und denket nicht, dass ich ein schwaches Kind bin! Ich bin der HERR und vor mir werden die wilden Tiere zahm sein!«

Da brachen in den Wäldern Zweige, und es knickten Äste, die Büsche teilten sich, und hervor kamen von allen Seiten die Tiere des Waldes. Von den Palmen kletterten neugierig die Affen. Es stürzten Löwen und Panther aus den Dickichten und gelbe Pardelkatzen schlichen aus dem Gesträuch. Laut trompetete der Elefant und aus dem Fluss stiegen schwerfällig das Nilpferd und das Krokodil. Und sie näherten sich in Sanftheit und begrüßten das Kind, indem sie den Vorderfuß erhoben und ihn in seine Hand legten oder, wie es demütig der Löwe, der Wüstenkönig, tat, die entgegengestreckten Händchen des Jesuskindes leckte. Es kamen Bären und Wölfe, die Hyäne und der reißende Leopard. Auch das zahme Getier, mit krummem Höcker Kamel und Dromedar, und das Lama, das sich wohl hütete, zu spucken, wie es seine üble Angewohnheit war, stellte sich ein, und alle umringten das Kind, das sich ohne Furcht und Scheu unter ihnen bewegte und die Tiere streichelte und sie hinter den Ohren kraulte, was sie heute noch so gerne haben. Da erst legte sich die zitternde Angst der liebsten Mutter, die noch nie solch wilde Tiere gesehen hatte. Ihr Herz verlor seine Furcht und schlug wieder ruhig.

Als Joseph endlich sattelte, um den Weg fortzusetzen, da gaben ihnen alle Tiere das Geleite. Es gingen die Löwen in Eintracht mit dem Esel, die Panther trabten zuseiten der ziehenden Ochsen, und die Wölfe wandelten gemeinsam mit den Lämmern und gingen mit ihnen an die gleichen Weideflecke. Das Jesuskind aber ritt eine lange Wegstrecke auf dem Rücken eines Hirschen und hielt sich am Geweih fest. Und eine große Schar aller erdenklichen Vögel zog wie ein lobsingender Chor über ihnen in der Luft und machte gar liebliche Musik und jubilierte und pries den Herrn, der unter ihnen war.

Doch als es Abend wurde, da verabschiedete das Jesuskind all seine lieben Begleiter und sagte ihnen eine gute Nacht und Lebewohl. Da erhoben sie laut ihre Stimmen zu einem letzten Gruß und wünschten eine glückliche Reise und zogen zu Paaren, zu dreien oder auch allein in den Wald und in ihre Winkel.

(Nach den Apokryphen)

Die Mohrenfarbe

Maria und Joseph hatten die Wüste erreicht. Sie wanderten mit dem Kinde im deckenden Dunkel der Nacht und bargen sich, wenn es licht wurde, hinter Felsen und Büschen.

Da sie so bei Tage durch Rasten viel Zeit verloren und nur spärliche Strecken vorankamen, denn des Nachts konnte nur langsam unter vielerlei Beschwer gereist werden, musste Joseph auch den hellen Tag nützen. Neue Angst und Sorge kam über die Fliehenden: In jenen Gegenden der Wüste, die sie in dieser Zeit durchquerten, hausten Menschen, die von Haut und Ansehen dunkel waren und die man die schwarzen Mohren nannte. Die Mutter und das Kind wurden überall an ihrer zarten, schneeweißen Hautfarbe erkannt, wenngleich auch Maria ihr Manteltuch eng um das Kind wickelte und das lichte Leuchten ihres eigenen Antlitzes schützend in den Falten barg. Sie war voll Angst um ihr Kind – wahrlich eine schmerzhafte Mutter –, und sie erhob ihr bittendes Herz zu Gott, er möge sie nicht verlassen und sie vor den Verfolgern schützen.

Der Himmel erhörte das flehentliche Gebet – und siehe – als der Josephvater am nächsten Morgen erwachte, Reisig herbeitrug und ein Feuerlein machte und in den Busch ging, um Maria mit einem Kuss zu wecken, da erschrak er schier auf den Tod, denn es lachte ihm ein Gesicht von allerschwärzestem Ebenholz entgegen, und das Kind war über Nacht ein kleiner kohlpechrabenschwarzer Mohr geworden. An eine Quelle führte der Mann seine liebe Frau, damit sie sich spiegle und wisse, wie sie aussähe. Maria aber erkannte die gütige Allmacht, die über ihnen war, und ein Lächeln sprang auf ihre lieben Lippen.

So glückte es, dass sie ungefährdet trotz aller Nachstellungen das ferne Ägypterland erreichten, wo sie bis zum Tode des Herodes, des Kindermörders, blieben. Eines Tages aber holte ein Engel Maria und das Kind wieder zurück in das Land ihrer Heimat. Und ebenso rasch und wunderbar, wie sich ihre Haut schwarz gefärbt hatte, wurde sie jetzt weiß wie vordem, und es blühten wieder die rosaroten Äpfelein auf des Kindes marzipanigen Wangen.

Aber fromme Menschen verehren noch immer in vielen Ländern und an mancherlei Orten die schwarze Muttergottes.

(Aus Böhmen)

Die Quelle

Noch aber war ein weiter, weiter Weg unter viel Leid und wenig Freud zu durchwandern, bis Vater Joseph, Mutter und Kind glücklich ins rettende Ägypterland kamen.

Es war ein ungewöhnlich heißer Tag, schwül und trocken. Über der Wüste flirrte die Luft und kein Windhauch kühlte. Aber in der steten Furcht vor den verfolgenden Kindermördern durfte Maria nicht einen einzigen Tag verweilen und musste auch an diesem glühenden Sonnentag wandern und wandern. Ihr klebte die Zunge am Gaumen, schwer ging ihr Atem und das Kind stöhnte vor Durst.

Da setzte sich die arme Mutter völlig erschöpft nieder auf einen Stein, der allein im heißen Wüstensand lag, trocknete sich den fließenden Schweiß und fächelte dem Kindlein mit ihrem Schleier ein wenig Luft. Ein Stöhnen entrang sich ihrer Brust: »Wasser! Wasser!« Da sprang das Jesuskind vom Schoße der Mutter, bückte sich zur Erde und bohrte mit seinem Rosenfingerlein im Sand. Hei! – Es sprudelte plötzlich ein frischer Quell unter der gesegneten Hand des Kindes hervor und plätscherte silbern und lustig um die Füße der Mutter. Und sie trank und füllte auch ihre Kürbisflasche, und alle Durstqual hatte ein Ende. Neu gestärkt und frohgemut wanderten sie dann weiter und in den kommenden Abend hinein. Und Vater Joseph sang ein Liedchen, nach dem es sich gut marschieren ließ.

(Aus den Apokryphen)

Die Kinder des Herodes

Der König Herodes, so erzählt eine alte Sage der Kosaken, hatte zwei Kinder, einen Sohn und eine Tochter. Er war jener grausame König, der den Befehl erlassen hatte, alle kleinen Knaben zu töten, denn auf diese Weise hoffte Herodes Jesus Christus, vor dessen angekündigter Macht er sich fürchtete, aus der Welt zu schaffen. Ja, der grausame Tyrann ging in seiner Raserei so weit, dass er anordnete, auch seinen eigenen Sohn zu ermorden. Es sollte im ganzen Reiche kein Kind männlichen Geschlechts am Leben bleiben. Das Töchterlein war aber hinter dem Vorhang gestanden und hatte mit angehört, was der entmenschte Vater befohlen hatte. Voll Entsetzen lief es zu seinem Bruder und erzählte ihm, was ihm drohe. Die beiden Kinder beschlossen in ihrer Angst, in der stillen, heimlichen Nacht davonzulaufen und, so weit die Füße sie tragen würden, in die weite Welt zu fliehen. Aber schon am nächsten Tag war die Flucht der Kinder entdeckt. Der König sandte seine schnellsten Reiter aus, die den entflohenen Sohn ergreifen sollten.

Als die Kleinen zwei, drei Tage gelaufen waren, da holte sie ein Mann ein, der einen Esel antrieb, auf dem eine wunderschöne Frau ritt, der ein Kindlein auf dem Schoße saß.

Das winkte mit den Händchen, als sie näher kamen, und der Mann fragte woher, wohin und warum, und die Kinder erzählten treuherzig ihre Geschichte. So ergab es sich, dass sie gemeinsam mit Joseph, Maria und dem Jesuskinde, denn diese drei waren es, die des Herodes Kinder angetroffen hatten, die Flucht fortsetzten.

Das Wandern über den harten Steinboden und den heißen Wüstensand hatte die Fußsohlen der Fliehenden entzündet, dass sie wie Feuer brannten und sich mit Blasen und Schwielen bedeckten. Ach, und es war kein Arzt zur Hilfe da und keine kühlende Salbe und keine heilende Binde! Und zu alledem saßen ihnen die Verfolger im Nacken.

Am Wege blühte eine Salbei und streckte ihre gelben Blütenhörnchen aus: »Pst! Pst!«, machte sie ganz deutlich, sodass alle die Köpfe wandten. Da hatte die Pflanze ihre Blätter wie einen Teppich ausgebreitet, der zur guten Rast einlud. Und als die fußwunden Leute auf die sammetweichen Blätter traten, da waren mit einem Male alle Schwielen an den Sohlen wie weggeblasen, die offenen Stellen schlossen sich, und die aufgegangenen Füße konnten wieder wandern. Doch als Maria bald wieder zum Aufbruch drängte, flüsterte die Salbei: »Geh nicht, Gefahr ist nahe, gib mir die Kinder!« In diesem Augenblick kamen auch schon des Herodes Leute angeritten. Die Salbei rollte ihre großen Blätter so eng und dicht um das Jesuskind und die beiden Kinder des Herodes, dass kein Haarschopf und auch nicht ein kleinstes Kleidzipfelchen zu sehen war. Des Königs Krieger ritten hoch zu Ross vorbei und bemerkten sie nicht.

Die heilige Mutter breitete die Hände aus und segnete die Salbei und gab ihr die wunderbare Kraft, Krankheiten zu heilen und Menschen vor Siechtum und jähem Tod zu bewahren, weil sie die Kinder so gut betreut hatte.

(Kosakensage)

Der Sauerteig

Die Schergen des Herodes waren Joseph und Maria ständig auf den Fersen. Wie bei einer Treibjagd auf edles Wild wurden die Heiligen Drei gehetzt. Sie kamen an einer Hütte vorüber. Darin war eine Frau ums Brotbacken bemüht. In der Backmulde hatte sie den Teig angerührt, hatte nun den Tisch mit Mehl bestäubt und war eben dabei, für den Sonntag und für die Woche Fladen und Brote zu formen. Da stand die Mutter Maria fragend in der Tür: »Liebe Frau, willst du mir nicht mein Kind verstecken? Die Pharisäer wollen es mir nehmen. Erbarm' dich! Rette mir mein Kind!« – »Warum nicht?«, sagte die Frau, »dort unter dem Brotteig wird es kein Mensch suchen!« Und sie nahm das Kindlein und legte es in die Teigmulde, dass es in die weiche Masse einsank, wie in die Federn eines Bettchens. Die Häscher waren vor der Tür. »Hallo!«, schrien sie und fuchtelten mit Schwertern und Spießen. »Ist hier eine Frau mit einem kleinen Kind? Wir suchen sie. Sie hat sich versteckt!« Da antwortete die Hausfrau: »Schaut nur herein, wir sind zwei Frauen und ein Greis, sonst wohnt niemand hier. Woher soll da ein Kind kommen?« Aber die Suchenden waren mit solcher Antwort nicht zufrieden, sie durchstöberten die Hütte von oben bis unten. Guckten unters Bett und in alle Schränke und machten jeden Kasten und jede Truhe auf. Und fanden nichts. Auch in den Backtrog schauten sie. Aber da war nur der Teig merkwürdig hoch aufgegangen und quoll eben über die Ränder. Da zogen die Verfolger wieder einmal mit langen Gesichtern ab. Mutter Maria aber holte das Christuskind aus dem Brotteig und sagte leise diesen Spruch:

»Mehre sich Teig und mehre sich Brot,
Das vor den Häschern mir nahm meine Not.«

Gab dann der hilfreichen Frau viel herzliche Dankworte und zog weiter ihre kummervolle Straße der Not. Die backende Frau aber setzte ihr begonnenes Werk munter fort, knetete in den Händen die Brote flach und stach sich neuen Teig aus der Mulde. Und sooft sie auch in den Backtrog griff, der blieb immer gleich voll und schon lagen alle Tisch, die Kästen, die Fenstersimse, selbst die Stühle voll von Broten, und noch immer war des Segens kein Ende.

Die Geschichte von diesem Überfluss sprach sich feuerrasch in der ganzen Nachbarschaft herum. Und was flinke Beine hatte zu laufen und neugierige Augen zu sehen und schwatzfertige Mäuler zu fragen, das eilte zum teiggesegneten Haus, ließ sich erzählen und bat schließlich um ein Häppchen von dem wunderbaren Sauerteig für den eigenen Hausgebrauch, damit auch dort der Teig so schön aufginge. Und das tat er auch. Und man staunte gar sehr über die Künste des Teigklümpchens und stellte jedes Mal, wenn man gebacken hatte, wieder ein kleines wenig in den Keller beiseite und ließ so den brotspendenden Sauerteig nimmer ausgehen.

Daher also stammt der gesegnete Brauch des Sauerteiges, der das Brot so groß und voll und schmackhaft macht.

(Aus den Abruzzen)

Die Räuber in der Wüste

Am fernen Horizont tauchten die wenigen Bäume einer Oase auf. Hohe Palmen standen wie aus schwarzem Papier geschnitten gegen den goldroten Abendhimmel. Joseph trieb den Esel, der Maria und das Kind trug, zu schnellerem Trab an, damit sie noch vor der Dunkelheit die schützenden Bäume erreichten, unter deren Dach Joseph auch einen guten Brunnen vermutete. Doch als sie näher an den Hain herankamen, wirbelte dort eine graue Sandwolke auf, löste sich vom dunklen Grund und zog wie eine Fahne heran. Und plötzlich sah man galoppierende Pferdehufe und wehende weiße Mäntel und lange Lanzen, die im Licht aufblitzten. Es hausten nämlich in jener Oase räuberische Menschen, die des Weges ziehende harmlose Reisende überfielen, um sie zu töten und zu berauben. Zwei von diesen Räubern waren es, die jetzt auf geschwinden Rossen heransprengten. Sie vermuteten bei der Heiligen Familie sicherlich begehrenswerte Schätze, schon allein der Esel und der schöne blaue Mantel der reitenden Frau stachen ihnen in die Augen. Schon waren sie dicht herangekommen. Vater Joseph schickte sich an, seinen Stab zur aussichtslosen Wehr zu heben und Maria hielt in zitternder Angst ein schreckliches Ende für gewiss. Die Räuber rissen die Pferde herum und fällten die Lanzen. Da teilte das Jesuskind die Falten von Marias Mantel, die es verbergen sollten, sah die beiden Wüstenräuber an und warf dem einen von ihnen einen Blick zu, so furchtbar wie der eines zum Sprung ansetzenden Löwen, dem anderen aber einen Blick, so mild wie himmlisches Mondlicht, das aus schwarzen Wolken bricht und dem verirrten Wanderer den rechten Pfad zeigt. Da standen die beiden Räuber wie gebannt. Es sanken ohne Kraft die Lanzen zur Erde, es sanken die zum Stoß erhobenen Hände.

Da riss der eine sein Pferd herum und raste wie von peitschenden Blicken gejagt in Furcht und Entsetzen davon. Der andere der Räuber aber glitt vom Ross, nahte in unterwürfiger Demut dem seltsamen Kind, kniete nieder und bat darum, die heiligen Flüchtlinge in die nahe Oase führen zu dürfen. Dort erquickte er sie mit Wasser, mit Brot und Früchten und zeigte ihnen, als sie wieder von dannen zogen, den sicheren Weg.

Als aber dreißig Jahre später Christus gekreuzigt wurde, da hingen zu seiner Rechten und Linken auf Golgatha zwei Sünder am Kreuze. Das waren jene beiden Räuber, die einst der Blick des Jesuskindes geschlagen hatte. Und der Allerbarmer erkannte sie und verzieh ihnen und nahm den einen der beiden Schächer, jenen, der ihn damals gelabt und geführt hatte, mit sich ins Paradies.

(Aus den Apokryphen)

Das Wunder in der Schürze

Maria trug das Jesuskind in der Schürze, damit es niemand sehen sollte, denn die Gefahr der Entdeckung war groß. Behutsam hatte sie die Schürzenzipfel in der Hand gerafft und ging nun ungeängstigt ihres Weges, hoffend, dass Vater Joseph, der für Brot und Essen sorgen wollte, sie bald mit dem Esel einholen würde. Und wanderte und wanderte. Da begegneten ihr Pharisäer vom Hofe des Königs Herodes. Sagte einer: »Schöne Frau, was trägst du da in der Schürze?« Und Maria erschrak zutiefst, konnte doch keine Lüge sagen und wusste nicht, was antworten, bis es schüchtern von ihren Lippen kam: »Ich trage den Herrn der Welt!« Aber die Pharisäer hatten verstanden: »Ihr Herrn, ich trage Spelt!« – »So, so, dann trag ihn nur zur Mühle und nicht lange spazieren!« Da – oh Wunder! – rieselte aus der gefalteten Schürze gelbes Korn hervor, reifer Spelt, wie man ihn damals zum Brotbacken nahm. Nun brauchten die Herren nicht weiter zu fragen. Einer sagte noch: »Gib Acht auf dein Korn! Du brauchst hier am Wege nicht zu säen!«, lachten und verschwanden. Und mit ihnen verschwand der rieselnde Spelt und die Mutter küsste dankbaren Herzens ihr Kind und schloss nur noch fester die Schürze um ihr Liebstes.

Sie wanderte weiter und wieder kamen Pharisäer des Weges: »Na, was hast du da Schönes im Schürzenzipfel, was man nicht sehen darf?« Maria aber erwiderte: »Einen himmlischen Blumenstrauß!« – »Das ist nichts für uns!«, sagten die Herodischen und spazierten weiter. Die Madonna hatte die Wahrheit gesagt. Ist Christus nicht der Herr der Welt und die Blüte des Himmels? Es war ein Glück und ein Wunder, dass die Pharisäer falsch gehört hatten und sich nichts aus Blumen machten. Aber wenn sie neugierig in die Schürze geschaut hätten, vielleicht wäre wahrhaftig ein Blumenstrauß darin gewesen.

(Aus den Abruzzen)

Wachtel und Bachstelze

Wieder einmal sah sich die Gottesmutter hart verfolgt. Eine Wachtel, die den Weg der Fliehenden kreuzte, rief zu allem Unglück noch ganz laut und dumm: »Hier sind sie! Hier sind sie!« Aber derHimmel ließ das Verderben nicht zu und sandte Rettung. Eine Bachstelze folgte der flüchtenden Mutter und wischte wie ein Straßenfeger mit ihrem langen Wippschwanz Sand über die Fußspuren Marias, sodass die Feinde die Fährte verloren. Die liebe Mutter Gottes segnete in Dankbarkeit den gefälligen Vogel. Er erhielt einen Freibrief, der ihm Schutz vor den Menschen gewährte. Und es ist richtig, auch heute noch tut niemand der Bachstelze etwas zuleide, sondern jedermann hält es für ein gutes Zeichen, wenn sie in ihrer frohen Heiterkeit über den Weg scharwenzelt. Die Wachtel aber verlor durch ihren unklugen Verrat die Fähigkeit, wie andere Vögel zur schönen Sommerszeit zu fliegen und unter Himmel und Wolken zu kreisen. Sie huscht immer, als hätte sie ein schlechtes Gewissen, nahe der Erde herum, als hätte sie nie das Fliegen erlernt, und versteckt sich im hohen Gras und Getreide und ruft noch immer: »Hier sind sie!«

(Von den Azoreninseln)

Der Ölbaum

Es waren so viele Scharen der herodischen Kriegsknechte unterwegs und auf der Spur der armen Flüchtenden, dass kaum ein Tag verging, der nicht neues Erschrecken brachte. Immer wieder mussten sie Umschau halten, wo ihnen ein sicheres Versteck die gütigen Arme auftun möchte. Einmal wieder waren die Soldaten schon ganz dicht herangekommen. Joseph trieb den Esel an, damit er laufe, was er könne. Aber da war weder ein Haus noch eine Hütte, noch eine Höhle in der Nähe. Nur ein Olivenhain mit licht stehenden Bäumen lag nahe am Wege. Schon schrien die Verfolger: »Halt! Halt!« und zückten die Speere zum Wurf – da öffnete auf den flehenden Bittruf der Madonna hin plötzlich ein uralter, krumm verwachsener Olivenbaum seinen grauen Stamm gleich einer Hütte, ließ schnell Maria und Joseph mit dem Kinde ein und schloss sich wieder, als wäre nichts geschehen. Wie vom Erdboden verschlungen waren die Heiligen Drei. Und die Häscher, die doch im Augenblick noch die Flüchtlinge gesehen hatten und nun nicht mehr ein Härchen von ihnen erspähten, durchsuchten voll Wut das ganze Olivenwäldchen. Sie stießen aber nur auf den Esel, der nicht mehr Platz im Innern des Baumes gefunden hatte und nun, als wüsste er von nichts, harmlos nach einer schönen Distel suchte. Die Soldaten aber führten den Esel als Beute mit sich, bis er ihnen entlief und sich am nächsten Tage wieder im Olivenhain einfand. Als er mit einem freundlichen Jah-Schrei seine Ankunft meldete, da öffnete sich der Baum und entließ die Heilige Familie, die sich wohl und geborgen im Bauminnern gefühlt hatte und sich sogar ein Licht hätte anzünden können, da es an Öl nicht gefehlt hätte.

Glücklich über ihre neuerliche Rettung setzten Joseph und Maria ihre Reise fort und es winkten die silberfingrigen Olivenbäume mit allen Zweigen Lebewohl. Den Olivenbaum aber segnete Maria und nannte seine Früchte heilig. Und seither gewinnt man aus ihnen das geweihte Öl, mit dem man die Neugeborenen und die Sterbenden salbt und das auch die schlimmsten Wunden und böse Brandstellen heilt und gut und notwendig ist für viele Speisen.

(Aus Italien)

Das Spinnnetz vor der Höhle

Schon fast in Rufweite waren wieder einmal die Häscher des Herodes. In wenigen Augenblicken konnte das Schreckliche geschehen sein. In stummer Verzweiflung presste Maria das ahnungslose Kind an sich; Joseph, ständig nach rückwärts schauend, griff in die Zügel des Tragtieres und trieb es zu schnellstem Trab an. Er hatte dort oben überm Weg einen Steinbruch gesehen, und es schien ihm, als öffne sich da zwischen den Felsen eine Höhle.

Der Esel sprang, als wüsste er, um was es ginge, munter zwischen den Steinblöcken hinauf und schielte nicht einmal zur Seite, wo die allerschönsten Disteln blühten. Richtig war hier eine Grotte, die zum Teil vor langer Zeit eingestürzt sein mochte. Vater Joseph machte in eilender Hast den Eingang frei, wälzte gefallene Blöcke mit starken Armen zur Seite, grub mit wühlenden Händen das Erdreich weg und endlich konnte er aufatmend die Seinen im dunklen Innern bergen. Er nahm noch ein großes Felsstück, das zu heben schier über menschliche Kräfte ging, und befestigte es im Eingang zur Höhle so, dass es scheinbar in der Luft hing, kaum zuseiten eine sichere Stütze berührend, und bei der leichtesten Erschütterung herabzustürzen drohte. Das mochte vielleicht die Verfolger von genauer Nachforschung abhalten.

Da tanzte am Spinnfadenseil eine neugierige Spinne vom Felsgestein herunter, sich die Ereignisse von der Nähe zu beschauen. Joseph rief sie herein und schlug ihr bittend vor, doch rasch ein großes festes Netz vor den Höhleneingang zu spinnen. Und schon drehte das kluge Geschöpf an seinen feinen Fäden, schlang im Nu geschickt die Maschen und legte das Gespinst, wie Joseph es anordnete.

In Augenblicken war die Spinnwebe fertig. Joseph streute noch rasch etwas Staub und feine Erde darauf und zog sich zu den Seinen in die Höhle zurück.

Gerade war das schützende Blendwerk vollbracht, da klangen schon die Tritte der heranstürmenden Henkersknechte in den Steinen. Jetzt hörte man deutlich, wie sie sich vor der Höhle sammelten und Rat hielten: »Geh nicht hinein!«, rief einer, »der wackelige Block kann dich erschlagen!« – »Was wollt ihr da auch lange suchen?«, schrie ein anderer, »die Arbeit kann man sich sparen. Schaut doch die alte graue Spinnwebe an. In das Loch ist seit langer Zeit kein lebendiges Wesen gekrochen, keine Maus, viel weniger ein Mensch! Wie man sich täuschen kann!« – »Kehrt euch, marsch!«, rief der Hauptmann. Da tat Marias viel heimgesuchtes Herz seine sieben Freudensprünge, und sie drückte ihr Kindlein und küsste es, dass ihm schier der Atem verging. Und der Esel wedelte vergnügt mit dem Schwanze und fragte, ob er jetzt die fetten Disteln, die er draußen entdeckt hatte, fressen dürfe.

Noch immer hängt seit jener Zeit der Block, von unerkennbaren Kräften gehalten, über der Grottenpforte als gebliebenes Wahrzeichen eines heiligen Wunders, und fromme Pilger aus aller Welt bestaunen ihn. Auch die kluge Spinne ist seitdem mit einem Wunderzeichen gesegnet: Ein dunkles Kreuz entstand auf ihrem Rücken. Spinnen bringen Glück ins Haus, sagen die Menschen. Ja, viele Frauen rühren nicht einmal die Weben an, die ihnen die Spinnen in die Zimmerecken und hinter die Schränke setzen und lassen sie »in Gottes Namen« hängen.

(Aus Malta)

Maria trocknet ihren Schleier

Oft weinte die Gottesmutter. Denn bitterer Kummer und arge Not quälten ihr Herz. Zitternde Angst vor steter Verfolgung, Durst und Hunger und all die tausend Tagessorgen trieben ihr die Tränen in die Augen, und heimlich musste sie mit ihrem Schleier die verräterischen Perlen von den hellen Wangen wischen, damit Joseph und das Kind nicht ihren Kummer sahen. So groß war ihre Not, dass der Schleier nimmer trocken wurde. Da musste sie das tränenfeuchte Tuch hin und wieder in die Sonne hängen. Maria tat dies immer vor dem Sonntag, damit der Schleier doch an diesem heiligen Tage sein festliches Aussehen habe. Der liebe Gott ließ daher am Sonnabend immer die Sonne scheinen, um Marias Tränentüchlein trocknen zu lassen. Damit die Menschen es nicht vergessen, welche Not die Schmerzensmutter litt, lässt Gott noch heute an jedem Samstag seine Sonne scheinen. Und wenn es auch einmal regnen muss, weil es so im Kalender steht oder es die Wettermacher vorausgesagt haben, so kommt doch immer die Sonne durch, wenigstens für ein paar Augenblicke, wenigstens für so lange, wie ein Schleier zum Trockenwerden braucht.

(Aus Österreich)

Das Grübchen im Ei

Das Jesuskind musste gar oft argen Hunger leiden und ungesättigt der Mutter ins Ärmchen kriechen. Auf ihrer langen, leidvollen Flucht vermochte der Vater Joseph trotz aller Mühe nicht immer die Lebensmittel heranzuschaffen, die er und die Seinen notwendig brauchten, auch wenn er oft allein weite Umwege machte.

Einmal hatte er von mitleidigen Leuten ein Ei geschenkt bekommen. Nun konnte Maria dem Kind ein Müslein kochen. Erst aber nahm sie mit dem kleinen Löffel aus der Eigupfe ein Häppchen heraus und gab es dem Kind zu kosten. Und das schmeckte so wundergut, dass die Mutter fortan nie versäumte, erst oben aus dem Ei das Leckerbisschen herauszustechen. Seither findet man in jedem Ei ein kleines Grübchen. Das darin fehlende Stückchen ist gerade dasjenige, das vor Zeiten Maria dem Jesuskind zu kosten gab.

(Deutsch)

Tausendfältiger Lohn

Einmal – ich weiß nicht wann, ich weiß nicht wo – hatte sich die liebste Mutter Maria auf ihrer Flucht verlaufen. Erst mit der sinkenden Nacht lichtete sich der große Wald, in dem sie in die Irre gegangen war, und sie sah zu ihrer Freude endlich im letzten Tageslicht hinter den Wiesenhügeln ein paar Häuser auftauchen, auf die sie nun zuhielt.

An einem stattlichen Bauernhaus klopfte Maria schüchtern ans Tor. »Wer ist vor dem Haus in später Nacht?«, rief die Besitzerin des Hofes und spähte aus dem Fenster. »Ich bitt' Euch um Barmherzigkeit, lasst mich und mein Kindlein herein für diese Nacht, denn wir kommen von weither, sind todmüd, und es friert uns gar sehr!« – »Mein Haus ist kein Wirtshaus! Schaut, dass Ihr Euch auf die Strümpfe macht, sonst lass' ich auf Euch Bettelvolk die Hunde los!«, war die Antwort. Da ward Maria sehr traurig. Sie wickelte das Kind fester in den Mantel und ging schweren Herzens weiter ihres Weges.

Aber das Glück war mit ihr, und sie entdeckte bald eine kleine, halbverfallene Hütte, aus der noch ein später Lichtschein schimmerte. Nach schwerem Entschluss, auf neue Ablehnung gefasst, klopfte die Mutter auch hier an. »Immer hereinspaziert!«, rief ein dünnes Stimmchen von drinnen, und als Maria in die Stube trat, kam ihr ein altes Weiblein gar freundlich entgegen und fragte nach Wunsch und Begehr. Und Maria bat um ein bescheidenes Obdach. »Sehr gern!«, bekam Maria zu hören, »nehmt, was ich selbst habe, und seid eben mit dem zufrieden, was ein armes Weib Euch bieten kann!«, setzte Milch und Brot auf den Tisch und legte Kartoffeln ins Feuer. Am Boden aber richtete sie ein gutes Lager. Als nun die Mutter Gottes am nächsten Morgen weiterzog, dankte sie dem armen Frauchen und sprach: »Alles hat seinen Lohn! Was du heute zuerst beginnst, das soll dir tausendfältig belohnt werden!« Die Frau schaute noch ein Weilchen den Davonwandernden nach und ging dann an ihre Arbeit, holte den Spinnrocken vor, ließ das Rad schnurren und spann voll Fleiß den ganzen Tag. Aber als sie am Abend ihre Arbeit aufnehmen wollte, um sie im Kasten zu verwahren, da waren es auf einmal tausend Rocken geworden. Sie wusste nicht wohin mit der Überfülle. Tausend Rocken! Mit dem tausendfältigen Lohn für die herzliche Gastlichkeit!

Dann sind Jahre dahingegangen. Maria war jetzt mit dem Jesuskind auf dem Weg zurück ins Heimatland, denn der König Herodes war – wie es hieß – gestorben und alle Verfolgungen hatten ein Ende. Und auf diesem Heimweg kamen sie eines Abends wieder in jenes Dörfchen und wollten schon bei der freundlichen alten Spinnerin Einkehr halten, als sie auf der Straße jener hartherzigen Bäuerin begegneten, die der Mutter Gottes damals mit den Hunden gedroht hatte. Die erkannte sofort die armen Reisenden und lud sie nun, da sie von dem tausendfachen Segen wusste, den Maria über ihre damalige Gastgeberin gebracht hatte, mit den allerfreundlichsten Heuchelworten ein, doch in ihrem Haus Wohnung zu nehmen und ihre lieben Gäste zu sein. Maria folgte ihrer Einladung und erhielt für sich und ihr Kind das weichste, schönste Bett, ein Huhn wurde gebraten, Dampfnudeln gekocht, und Würste gab's und Apfelreis.

Und als die Mutter Gottes am nächsten Morgen weiterzog, dankte sie der liebenswürdigen Wirtin und sprach wie einst: »Alles hat seinen Lohn! Was du heute zuerst beginnst, das soll dir tausendfältig vergolten werden!« Nicht Zeit hatte die Frau, Lebewohl zu wünschen und begann ganz scharf nachzudenken, was sie nun tun solle, damit der Segen auch ordentlich ausgäbe und es ein tausendfacher Volltreffer würde. Aber so viel und so sehr sie auch nachdachte, nichts Gescheites fiel ihr ein. Da wurde sie ärgerlich. »Bist eine dumme Gans!«, sagte sie zu sich selbst und schlug sich in ihrem Ärger mit der Hand vor die Stirn. Und da schlug es noch einmal und noch einmal und zum vierten Mal, zum zehnten Mal und zum hundertsten Mal, denn es war ja das erste Handwerk gewesen, das sie heute besorgte. Und unaufhörlich musste sie sich vor den Kopf hauen. Sie lief in ihrer Verzweiflung aus dem Haus, schrie und schlug sich dabei immerzu vor den Schädel. Und es verging ihr Hören und Sehen, erschöpft sank sie zusammen, aber immer noch arbeitete die fleißige Hand und hörte nicht eher auf zu schlagen, als bis die tausendste Kopfnuss ihren Platz gefunden hatte. Ja, wie man sät, so erntet man!

(Aus Österreich)

Das Milchmädchen

Der rauhe Weg der Flucht führte durch ein ödes Tal. Hoch und steil ragten kahle Felswände auf; Sand, der nichts Lebendiges trug, nur selbst im Wind lebendig wanderte, deckte den Boden; Steintrümmer, an denen der Fuß sich wundstieß, lagen im Grund. Da war kein Baum, kein Strauch, nicht eine Blume und nicht ein schwingender Halm. Sengend brannte die hohe Sonne nieder und verwandelte den Boden zur Glut, auf der sich die wandernden Füße entzündeten.

Auch der Esel hob langsam die schmerzenden Hufe, Joseph schlich gequält des Weges, und Mutter und Kind verschmachteten beinahe, in ihren Kehlen brannte eine mordendes Feuer. »Wasser! Wasser!« Und sie sahen sich fast die Augen wund nach einer Quelle, die sie laben möchte. Aber Schauen und Hoffen waren vergeblich. Nie hatten Quell oder Tau das verlorene Tal getränkt.

Erbarmungslos brannte die mittägliche Sonne hernieder. War das das Ende? Da löste sich aus der flirrenden Ferne eine Gestalt. Und siehe – es kam ein Mädchen des Weges, ein Beduinenkind, ein junges Ding, dem Glut und Sonnensengen kaum das Geringste antaten. Es trug mit gewohnter Geschicklichkeit einen hohen Henkelkrug im Gleichgewicht auf seinem Kopf. Anmutig erhobene Hände stützten das volle Gefäß, wenn es einmal wankte. Aber als das Kind näher kam, da zeigte es sich, dass sein gelbes Gesicht auf das Schrecklichste von Pockennarben entstellt war. Fahle, dünne Haare umrahmten es, und matt blickten die wimperlosen Augen.

Das Mädchen grüßte die müden Wanderer und gab der fragenden Mutter, die heiser vor Durst und Staub und Hitze war, gerne die Auskunft, dass sie nicht mehr weit zu wandern hätten, bis sie ein Dorf und Menschen und Wasser träfen. Und wie das Mädchen gewahrte, wie der Durst die Mutter und das liebliche Kind quälte, da nahm es rasch den Krug vom Haupt, der mit frischer Milch gefüllt war, und reichte den Verschmachtenden das labende Getränk. Und kniete nieder und hielt das Gefäß, damit auch das Jesuskind ohne Mühe trinken konnte. Dann wischte es ihm das Mündchen ab und war so ergriffen von der lichten Anmut des Kindes, dass es das Jesuskind in die Arme nahm und es herzte und küsste, als wäre es sein eignes Kind. Dann wies es den Wandernden den Weg, nahm seinen leeren Krug und ging leichten Schrittes heimzu. Doch als es zu Hause sein Gefäß niedersetzte, da war es wunderbarerweise wieder mit Milch randgefüllt wie vordem.

Und das Kind ging zum Brunnen, um sich vom Staub rein zu waschen und sein heißes Gesicht im Wasser zu kühlen. Doch wie es von ungefähr einen Blick in den Wasserspiegel des Brunnens warf, da war es nicht wenig erschrocken, als ihm daraus ein schier fremdes, schönes Gesicht entgegenstrahlte. Ungläubig teilt es das Wasser mit der Hand – doch als sich die Wellen beruhigt haben, da kehrt das Bild wieder, steht und bewegt sich wie die Schauende und lacht nun wie diese. Es ist kein Wahn, sie ist es selbst! Die hässlichen Pocken waren verschwunden, die Haut war fein und rein und rosig wie ein Pfirsich vom Baum.

Der Kuss des himmlischen Kindes hatte das entstellte, narbenzerfressene Gesicht gesegnet und es in das reine Antlitz gleich dem einer Madonna verwandelt, um dessen blütenweiße Schönheit sich dunkle Haarflechten rankten. Da lief das glückliche Geschöpf, um die ziehenden Fremdlinge einzuholen. Lief und rief bis in die späte Nacht hinein. Aber Mutter und Kind waren längst schon über alle Berge.

(Deutsch)

Das aussätzige Kind

In diesem Haus wohnen vielleicht gute Menschen, die uns Herberge geben, dachte die Mutter Maria bei sich und klopfte, als der erste Donner über dem einbrechenden Regen rollte, an das niedere Fenster. Es guckte eine junge Frau heraus und fragte nach dem Begehren. »Könnt Ihr mich und mein Kind nicht über Nacht behalten?«, bat Maria, »ein schweres Unwetter bricht los!« – »Ich könnte schon, ich möchte auch, aber es kann doch nicht sein!«, war die unverständliche Antwort. »Lass dein Herz erweichen, nimm uns auf! Warum sollte es den unmöglich sein?«

»Nein, nein! Ich wage es nicht zu sagen – nein, bei Räubern könnt ihr lieben Leute nicht einkehren. Mein Mann ist ein unguter Mensch. Er ist der oberste der Wüstenräuber, ein wilder und gewalttätiger Herr. Der würde euch nicht nur ausrauben, nein, schlachten würde er dich und dein Kind, denn er ist – ich wage es gar nicht zu sagen – ein Menschenfresser!«

Ach, da wurde es der liebsten Mutter schrecklich bang ums Herz, unschlüssig stand sie und schaute in die arge Nacht hinaus. Ein greller Blitz fuhr vom schwarzen Himmel nieder. Sprach flehentlich die Mutter Gottes: »Lass uns nur ein! Ich weiß, wir stehen in Gottes Hand, die uns hierher leitete; wie er es fügt, wird es wohl recht sein. Ich fürchte deinen wilden Mann nicht, denn auch er ist ein Geschöpf Gottes. Ich fürchte ihn weniger als Blitz und Donner, weil sie mein Kind so sehr ängstigen. Aber wir sind müde und so erschöpft, dass wir nicht weiter können. Komm, mache uns in Gottes Namen auf!«

Da ließ mit einigem Zögern die Räubersfrau die Bittende ein in ihre Kammer und wies ihr einen Platz im Winkel an, in dem sie sich vielleicht vor ihrem Mann verbergen könne. Im Zimmer stand ein Zuber voll dampfenden Wassers, darin die Frau eben ihr Kind, ein armes, unglückliches Geschöpf, das an unheilbarem Aussatz litt, baden wollte. Sein ganzes Körperchen war entstellt, das Gesicht zerfressen und wund, die Augen beinahe bis zur Blindheit zerstört. Alles mütterliche Erbarmen wurde in Maria wach, und ihr Herz schlug in hilfsbereitem Mitleid. So bat sie die Frau, ihr zu erlauben, dass sie erst ihr Jesuskind waschen dürfe, das schon so lange kein Badewässerlein gesehen habe. Es brächte Glück ins Haus, wenn sie ihrer Bitte willfahre. Maria erhielt die erbetene Erlaubnis und badete ihr Kind im warmen Wasser. »Nun tauche dein Kleines in dieses Bad und trockne es, wie ich es tat, mit meinen Haaren ab!«, sprach die Gottesmutter zur Räubersfrau, »dann wird dein Kind gesund werden und für immer von seiner schrecklichen Krankheit geheilt sein!« Unverstehbar war der Frau, was da in ihre Ohren klang. Trotz aller Zweifel tat sie aber doch, was ihr die fremde Frau, die wie aus einer anderen Welt war, geheißen hatte. Sie hielt ihr Kind in das Badewasser und trocknete die Feuchte mit den langen, weichen Haaren Marias ab. Und siehe – da schlossen sich die entsetzlichen Wunden und Schwären, die Äuglein wurden heil und sehend, und der aussätzige Körper des Kindes schimmerte rein und weiß wie ein frisch geschältes Rübchen. Die helle Dankbarkeit quoll mit Tränen aus den Augen der überglücklichen Mutter, die noch immer nicht glauben konnte, was da geschah, und, im Innersten erschüttert, zu Marias Füßen niedersank, um ihr die wundergütigen Hände zu küssen.

In diesem Augenblick wurde ein schreckliches Gepolter hörbar, ein Lärmen, das beinahe das Donnerrollen übertönte. Eine Tür wurde aufgerissen, zugeschlagen, schwere Tritte hallten – der Räuber kam nach Haus. »Ich rieche Menschenfleisch!«, schrie er mit schauerlicher Stimme, dass das Haus erzitterte. Die Treppe wankte unter seinen Tritten, jetzt war er vor der Kammer, jetzt stieß er mit den Füßen die Türe auf, ein Arm mit dem gezückten Messer erhob sich, wilde, blutunterlaufene Augen funkelten – da hielten beschwörende Mutterarme dem Unmenschen das geheilte Kind entgegen. Und wie vom Schlage gerührt stand der Wüterich, das Messer fiel aus seinen Fingern, in stockendem Zögern streckte er die tastenden Hände aus nach seinem Kind, besah es, staunte, rieb sich die Augen, bis er begriff, dass hier ein großes Wunder sich zugetragen habe. Die letzte Wildheit fiel von ihm ab, die Knie zitterten ihm, dass er sie beuge – ein glücklicher Vater stand und herzte sein Kind. Und vernahm die wunderbare Geschichte. Er tat alles, was der beste Schlag seines verlorenen Menschenherzens ihm eingab, um Maria Gutes anzutun, er sorgte für das schönste Lager, für das reichste Mahl. Ja, er striegelte und putzte sogar den Esel, der sich das wohl gefallen ließ. Und am nächsten Morgen bepackte er die Fliehenden mit vielen guten Dingen und gab ihnen noch ein weites Wegstück das Geleite und zeigte ihnen den sichersten Pfad, auf dem sie unbehelligt durchs Land der Wüstenräuber kommen konnten.

(Aus Malta)

Der wunderbare Getreidewuchs

Am Weg, am Steg, an der Straße säte ein Bauer Weizen. Kam Joseph mit den Seinen vorbei. Tat der Bauer freundlich seine Kappe herunter und wünschte einen guten Tag und angenehme Reise. Da fragte ihn Maria nach seiner Arbeit: »Jetzt säe ich Weizen«, versetzte der Mann. »Und was erhoffst du von der Saat?«, fuhr Maria fort zu fragen. »So Gott will, eine gesegnete Ernte!« – »Gut denn! Wenn du den letzten Samen in der Erde hast, dann gehe heim und komme morgen wieder mit der Sense und ernte deinen Weizen!« Da lächelte der Mann ohne Verstehen und Glauben: »Heute säe ich, und morgen schon soll ich den reifen Weizen schneiden? O liebe Frau, da versteht Ihr wohl nicht viel von der Landwirtschaft! Das, was Ihr sagt, ist auf dieser Erde eine Unmöglichkeit!« Maria aber machte ein ganz ernstes Gesicht: »Bei Gott ist kein Ding unmöglich! Tue, wie ich dir sage, und schneide morgen dein Korn! Doch wenn Leute desselben Weges kommen wie wir und dich fragen: ›Ist hier eine Frau mit einem Kind auf einem Esel vorübergeritten?‹, so antworte ihnen, wie es die Wahrheit ist: ›Ja, sie kam vorbei, damals, als ich den Weizen gesät habe, den ich heute ernte!‹« Jetzt fing der Bauer an zu begreifen, und er fühlte, dass diese Frau kein Alltagsgeschöpf sein konnte. Er dankte ihr aus vollem Herzen und sah ihr lange nach, als sie mit ihrem lieblichen Kind von dannen zog und wie eine lichte Sonntagsfee in der Ferne verschwand. Ging dann heim und überschlief sich die Geschichte, auf die er sich keinen glaubhaften Reim machen konnte. Als er aber am nächsten Morgen mit seinem Gerät auf sein Feld kam, da standen die Ähren mannshoch in schwerer, goldener Reife. Sausend ließ er die Sense ins Korn fahren und mähte und band die Garben und sang laut sein Schnitterlied dazu.

Richtig kamen auch Männer hoch zu Ross daher mit Schwertern und Spießen, und sie fragten ihn nach der Frau mit dem Kinde. »Ei ja«, meinte der Bauer, »die hab' ich wohl gesehen und sogar mit ihnen gesprochen! Das war damals, als ich dies Feld bestellte und die Saat in die Erde brachte. Da kamen sie vorbei!« Da sagten sich die Häscher: »Zum Blitz und Kuckuck! Wenn die solchen Vorsprung haben, dann hilft uns alles Suchen und Eilen nichts! Da sind sie schon längst im Ägypterland!«, wandten ihre Gäule und ritten zurück, woher sie gekommen waren.

(Aus der Lausitz; auch aus Malta, Portugal)

Die Lerche

Als einstmals die Heilige Familie unter einem Olivenbaume ausruhte, flog eine Lerche herbei, setzte sich auf einen Ast zu Häupten der Mutter Gottes und fing in hellsten Jubeltönen an zu singen und zu zwitschern. Die Mutter Maria war aber von dem beschwerlichen Wandern zu Tode ermattet und aufs Tiefste betrübt, denn der ununterbrochene Kummer und die stete Angst vor den Verfolgungen zehrten sehr an ihr. Sie konnte heute den frohen Gesang nicht ertragen, der ihr ins Herz schnitt und sie noch trauriger machte. So sah sie zur jubilierenden Lerche hinauf und sprach zu ihr in milder Bitte: »Lerchlein, flieg auf und such dir einen anderen Platz, meinem Herzen tut heute dein Singen weh und sieh, mein Kind will schlafen!« Die Lerche aber hörte nicht auf das, was die bittende Mutter sagte, und schmetterte ein neues Lied heraus. Und nochmals klagte die Gottesmutter: »Ich sitze hier voll Kummer, und aus meinen Augen quellen die Tränen, und du schwätzest und lachst in meine Betrübnis hinein und hörst nicht auf mein Bitten. Sing dein Jubellied, wo immer du willst, nimmer aber von einem hohen Ast herab!« Das Lerchlein aber flog auf und stieg trillernd in die Luft und sang und sang. Als es müde ward und wieder zur Erde segelnd niederglitt, da fand es keinen Ast, auf dem es sitzen und rasten konnte. Über Marias Haupt kreiste das Vöglein und bat mit flehentlichem Zwitschern: »Ach, liebste Frau, wenn du mir schon das Ästchen nahmst, gib mir wenigstens eine Kornähre, auf der ich ruhen kann, ich will's auch nimmer tun, will's nimmer tun!« Maria wies auf das Kornfeld: »Dort bau dein Nest, dort sitze und singe!« Seitdem baut die Lerche mitten im freien Feld ihr Häuschen und steigt dann wie auf der Leiter ihrer Töne hoch, dem blauen Himmel zu – aber auf einem Zweig hat sie seither niemand sitzen sehen.

(Aus Flandern)

Der geweihte Dorn

Als die Himmelsmutter mit dem Kinde über die Berge floh, da waren alle Bäume traurig, dass sie bei ihnen nicht verweilen wollte und nur ganz geschwind wie ein linder Wind an ihnen vorüberstrich. Gar zu gerne hätten sie die liebe Frau im Gehen ein wenig angehalten, damit sie ihnen erzähle und sie segne, aber sie wagten es nicht. Nur ein alter, blätterloser Dornbusch griff in die wehenden Falten von Marias Mantel, so wie ein Kind schüchtern nach der Mutter Rockzipfel fasst. Und leise bat der Dorn: »Lass von den Tropfen deines Schweißes, die wie weiße Perlen auf deinen Wangen stehen, nur einen einzigen auf mich fallen, dass ich deinem Kind zu Ehr' und Preis süßen Duft ausströmen kann.« Und der Perltropfen fiel, sodass es dem Busch durch Dornen und Äste fuhr. Aber Maria zog sachte ihren Mantel dem Dornbusch aus den stachligen Händen und versprach ihm, wiederzukommen, wenn er Blätter und Blüten habe. Jetzt dürfe er sie aber nicht halten, denn sie eile vor den hetzenden Verfolgern. Und der blätterlose Dorn entließ sie. Doch welch Wunder! – Blatt um Blatt keimt da aus dem tauben Holz, und Ros' um Ros' sprießt aus den dürren Zweigen. Rosen, fein und zart, weiß und rosa, ein betäubend lieblicher Duft strömt von ihnen aus, ja selbst Holz und Rinde sind noch voll Wohlgeruch, wenn der Winterwind längst Blätter und Blüten entführt hat.

Weihdorn, Weißdorn, Rotdorn nennen die Menschen den geweihten Dorn, der in vielen Arten heute allüberall wächst. An Wiege und Bahre verbrennt man ihn um seines Wohlduftes willen; blinde Augen stärkt er, und seine Fruchtäpfel schenken Schlaf dem Schlummerlosen, bis sein Herz in Frieden schlägt.

(Deutsch)

Das Jesuskind fängt Fische

Am Morgen, als Maria mit dem Kind im Arme von den Hügeln niederstieg, lag das breite Wasser der Donau vor ihren Augen. Ja, es muss wahrlich die Donau gewesen sein, denn die alten Leute wissen es genau, und die Großmütter und die Ahnen haben es so erzählt. Und ist doch gut möglich, dass die Heilige Familie auf der langen Flucht weite Umwege hat machen müssen. Nah am Ufer, unter einer großen Weide, die mit hängenden Zweigen dürstend Wasser schlürfte, hielt die müde Mutter Rast. Aus den Wellen blitzte es silbern auf, wenn die Fische in die Luft sprangen und sich tanzende Mücken zum Frühstück fingen. Bienen schaukelten von Blume zu Blume und schleckten süßen Honig, und ein Reh stand drüben auf der Lichtung und äste im grünen Gras. Jedes Geschöpf fand reichlich, was ihm das Leben erhielt, nur Maria hatte nichts für sich und ihr Kind. Die Wohnstätten der Menschen mussten sie meiden, denn liebe Leute sind zu allen Zeiten selten gewesen. Traurig saß Maria und wiegte ihr Kindlein im Arm. Leise sang sie ihm ihre Lieder vor, bis es sachte entschlummert schien. Sie sang von ihren sieben Leiden und den sieben Freuden: »Schläfst nun, mein Sonnenschein, Herzengelein, bist wunschlos und zufrieden und weißt nichts von Sorge und Mutterschmerz. Weißt nicht, dass mich hungert, weißt nicht, dass mich meine müden Füße kaum noch tragen können!« Da sprangen gerade wieder die Silberfische aus dem Wasser: »Ach, hätt' ich doch so ein paar Fische aus dem Donaufluss«, wünschte sich Maria, »da fänd' ich gewiss neue Kraft. Aber noch sieben hohe Berge liegen vor uns, und dann erst werde ich in Ruhe etwas zu essen finden!«

Da schlug das Jesuskind seine blauen Augen auf und tröstete die Mutter mit seinem sanftesten Stimmchen und streichelte ihr mit linden Fingern über das kummervolle Antlitz: »Wein nicht, weine nicht! Sollst deine Fische haben. Ich will sie dir aus dem Wasser holen und sie dir auch schön braten!« Da zog ein Sonnenstrahl über das Gesicht Marias und sie lächelte das Kind an: »Wie willst du Kleinling Fische fangen und ein Feuer schüren können? Bist ja noch so klein, kaum ein paar Wochen alt! Fällst mir ins Wasser oder verbrennst dir die Händchen! Fischefangen und Feuermachen will gelernt sein!«

Das Kind entwand sich behend den Mutterhänden, lief hinunter zum strömenden Fluss und griff in die Flut. Und schon zappelte ein großer Silberfisch zwischen den Kinderfingern. Noch ein zweiter Griff und ein zweiter Fisch war gefangen. Jubelnd in erhobenen Händen die Beute zeigend, kam das Jesuskind zurück zur Mutter und legte ihr die Fische in den Schoß, sammelte dann ein wenig Reisig, blies es an und schon brannte ein Feuerchen, und es schmorten die Fische an einem Aststecken über der roten Glut und brutzelten lustig. Das Kind tat Honig von wilden Bienen daran und ein würziges Kräutchen, und bald war das köstliche Gericht fertig. Und Jesus brachte es seiner Mutter, die sich vor Erstaunen kaum zu rühren gewagt hatte. Mit zärtlichen Händen fuhr das Kind der Mutter leise über das kastaniendunkle Haar, während sie den Fisch verspeiste und die besten Happen dem Kind ins Mündchen steckte.

Neugestärkt und wohlgemut setzte sie dann mit dem Jesuskind die weite Reise über die sieben Berge fort. Bald lag die schöne blaue Donau weit hinter ihnen.

(Aus Österreich)

Die Legende vom Huhn und vom Schwein

Wieder einmal musste die gehetzte Gottesmutter ihr Kind vor den herodischen Kriegsknechten verstecken. Wohl stand ein Bauernhaus am Weg. Aber die Leute waren allesamt zur Arbeit auf dem Feld, das Haus war fest verschlossen. Wohin mit dem Kind? Wohin nur? Ein Haufen Stroh lag hinter der Tenne. Kniete Maria dort nieder, machte ein Grübchen und legte das Kind hinein, ganz so, wie es in der Krippe in Bethlehem gelegen war. Dann deckte Maria ein paar Hände voll Halme darüber und freute sich, weil gewiss niemand ahnen konnte, dass da ein lebendiges Geschöpf verborgen war.

»Gack, gack, gack – gaah«, kam da ein Huhn mit wichtig wackelndem Pürzel angetorkelt, hieb mit dem Schnabel erst ein paarmal in den Wiesengrund, ob es nicht ein Würmchen fände, drehte den Kopf um den Hals, gackte wieder und rannte auf einmal, als wäre es von einem unsichtbaren Hennenteufel gejagt, spornstreichs auf den Strohhaufen zu. Dort schien das Huhn nun wieder Zeit zu haben, denn es fing in aller Gemächlichkeit an zu scharren und zu kratzen, das Stroh zu zupfen und mit dem Schnabel hineinzuhauen, als ob die Halme zu Häcksel werden müssten. Half auch nichts, dass die liebe Mutter »gsch-gsch« machte, in die Hände patschte und mit der Rockschürze das Huhn verjagen wollte. Schon lag das Jesuskind nackt und bloß. Beinahe hätte ihm das Huhn mit dem Schnabel nach dem Näslein gepickt. Blieb der armen lieben Frau nichts übrig, als ihr Herzblatt wieder aus dem Stroh zu holen, ein ander Versteck zu suchen und es dort besser zu verbergen.

Da wieherten schon die Soldatenrosse um die Ecke. O Gott! O Gott! Es lag ein Düngerhaufen vor dem Hof. Eins, zwei, drei – war das Jesuskindlein rasch in seine Tücher gewickelt und dort ins ungute Versteck gelegt, das jetzt die einzige Rettung blieb. Neugierig guckte die Ferkelsau, die sich mit ihren Jungen hier herumtrieb, zu, was da geschah. Und – schau einer an! Da trottete sie herbei und half der Mutter voll Eifer, das Kindlein gut zu verscharren, wühlte mit dem Rüssel eine Grube, gerade recht für das Kind, und schob nun ringsum den Dünger nahe heran, bis es hinter den Hügeln aus Mist und Stallstreu verschwunden war. Auf solch wunderbare Weise entging das Jesuskind wieder einmal seinen Verfolgern. Und die liebste Frau freute sich gar sehr. Aber sie sprach: »Du dummes Gackerhuhn, weil du mein Kind beinahe an seine Feinde ausgeliefert hättest, wird dir der Himmel einen Denkzettel geben. Du sollst zum Legen eines einzigen Eies genauso viel Zeit brauchen wie das Schwein, um sieben Ferkel zu werfen. Und um dein einziges Ei wirst du schreien, als wärst du es, die sieben Ferkel zur Welt bringen muss!«

So ist's auch geworden und geblieben. Fragt nur den Bauern, der wird es euch aufs Wort bestätigen.

(Aus Italien)

Vom Haselstrauch

Über die liebe Hasel erflehte die Gottesmutter den Segen des Himmels, denn in dem grünen Haselbusch ist ihr oftmals ein Retter in schlimmer Not erstanden.

Einmal hatte die Espe, die am Wege wuchs, ihr die Zuflucht verweigert, und hatte dies damit entschuldigen wollen, dass sie Furcht habe, als Hehlerin und Helferin vom König Herodes umgehauen zu werden. So musste Maria ihren Schlupfwinkel bei der Espe verlassen und, da sie nicht wusste, wo sich in der Eile verstecken, lief sie mit dem Kinde unter einen Haselstrauch, der unweit der Espe grünte und seine Kätzchen im Frühlingswind schaukelte und Goldregen streute. Die Staude freute sich nicht wenig über die große Ehre, die Heilige Familie verbergen und schützen zu dürfen, und gab sich die allerredlichste Mühe, dies mit ihren bescheidenen Mitteln, so gut es eben ging, zu machen. Sie umhüllte die Verfolgten so dicht mit ihren langen Ruten und den rauhen Blättern, dass der König Herodes mit seinen Kriegern unverrichteter Dinge abziehen musste. In ihrem Glück und zum immer währenden Dank segnete die Gottesmutter die Haselstaude und hängte ihr an jedes Zweiglein eine süße Nuss.

Ein anderes Mal, als Maria mit vielen Mühen über das hohe, unwegsame Gebirge wanderte, zogen plötzlich dunkle Wolken auf, und die einsame Pilgerin wurde von schwerem Unwetter überrascht. Die Felsen gaben keinen Schutz, weit und breit war kein Haus, und die grüne Zone der Wälder hatte Maria längst unter sich gelassen. Sie flüchtete unter eine Haselstaude, die sich zerzaust im Winde bog. Wie das Jüngste Gericht brach das Unwetter los, ringsum schlugen die Blitze ein, dass es schien, als wären Himmel und Erde mit feurigen Ketten aneinandergehängt. Die Bäume in den Tälern und die Felsen auf den Höhen splitterten im Sturm und die Donner rollten, als wollte der Himmel zerkrachen. Nur der Haselstrauch, unter dem Maria mit dem zitternden Kinde stand, blieb unberührt vom himmlischen Feuer.

Und nimmer ist seit dieser denkwürdigen Stunde ein Haselstrauch vom Wetterfunken berührt worden, denn die Gottesmutter hatte ihm die Kraft verliehen, die Blitze abzuwehren. Und wer sich vor den Wettern unter eine Hasel flüchtet, der ist sicherlich vor Blitzschlag geschützt.

(Aus Polen; ähnlich auch aus Oberschlesien und Österreich)

Das verräterische Schaf

Sie kamen auf der Flucht eines Tages durch ein Dorf, wo Maria nur mit knapper Not der Gefahr des Erkanntwerdens entging, denn die Kunde vom Befehl des Königs, vom schrecklichen Kindermord zu Bethlehem und von der Flucht des Christuskindes war schon bis hierher gedrungen.

Hart auf den Fersen saßen ihnen die Knechte des Herodes. Gejagt und gepeinigt flohen die Heiligen Drei dahin, von Angst zu Angst, aber auch von Glück zu Glück, denn Gottes hilfreiche Hand griff immer ein, wenn die Not am größten war.

Zwischen Schafweiden durch ging jetzt ihr Weg. Es kamen Lämmer und Böcke herbei, guckten verwundert und sagten: »Guten Tag und glückliche Reise!« Denn damals konnten ja alle Tiere noch sprechen.

Aber da stand ein Schaf abseits auf dem Hügel, das war erst vor Tagen auf dem Weihnachtsmarkt zu Bethlehem vom Hirten gekauft worden.

Das erkannte sofort die Mutter und das schöne Kind, das dort im Stall gelegen war. Denn das Schaf war ein aufgewecktes Tier. Jedoch jetzt fing es an zu schreien: »Aus Beth-le-hem! Aus Beth-le-hem!« Die Mutter Gottes winkte und bat: »Sei still, sei still! Verrate uns nicht!« Das Schaf kümmerte sich nicht darum und wiederholte sein verräterisches Rufen. Weithin hörte man es. Es blitzten in diesem Augenblick in der Ferne die Waffen der Soldaten auf. So nahe waren sie schon! Nur noch das Dorf lag zwischen ihnen und den armen Verfolgten. Und das Schaf rief noch immer: »Aus Beth-le-hem! Aus Beth-le-hem!«

Da hob Maria die Hand: »Still! Still für immer!« Und als das Schaf ein neues Mal schreien wollte, da hatte es die Sprache verloren, und leer gingen seine Kinnbacken, und nur ein stotterndes »Bäh-bäh!« kam aus seiner Kehle und kein »Beth-le-hem« mehr, und so ist es geblieben für alle Zeit.

Joseph aber hob den Stab, als die Gefahr überstanden war, und weiter trabte der Esel mit seiner lieben Last. Ein klägliches »Bäh-bäh« tönte den Wandernden nach.

(Aus Portugal)

Der Liebfrauenschuh

Auf der Fluchtreise geschah es einmal, dass die Mutter Gottes keinen Zucker hatte für ihr Kind und ihm kein gutes Müslein kochen konnte. Aber wie sich oft wunderbare Fügungen zutragen, so fand sich auch hier Rat und Hilfe.

Am Wege lag ein verendeter Löwe. Nur noch bleiche Knochen und Gebein, die Geier und Schakale blankgenagt hatten. In der Höhlung seines Schädels hatte sich ein Schwarm wandernder Bienen niedergelassen, die im sperroffenen Kinnladen des Löwen ihre honigvollen Waben gebaut hatten. Wie die Bienen erfuhren, dass unsere liebe Frau deshalb so traurig war, weil sie ihrem Jesuskind nichts Süßes geben konnte, flogen sie in Eil' und Eifer herbei und boten ihre Honigschätze an. »Nimm! Nimm!«, summten die Immen. Maria brach aus dem Löwenmaul die Waben, schleuderte mit geschickter Hand den Honig auf einem Platanenblatt aus und hatte nun auch Wachs, daraus der Vater Joseph ein Kerzenlicht für seine Laterne machen konnte. Und Maria, voll Dankbarkeit im Herzen, sprach segnend zu den Bienen: »Ich will euch zur Erinnerung eine Blume schaffen, die dem Maule des Löwen gleicht, und darin sollt ihr stets reichlich Honig finden.« Und sie hielt Wort und formte mithilfe ihres zierlichen Pantöffelchens aus Erde ein Gebilde, hauchte es an und belebte es. Eine neue Pflanze erhob ihr blumiges Köpfchen.

Man nennt sie in aller Welt den Liebfrauenschuh, denn sie behielt die Form des Pantöffelchens unserer lieben Frau, gleicht aber auch einem Löwenrachen fast aufs Haar.

(Aus Malta)

Der Mantel der Gottesmutter

In unabsehbarer Unermesslicheit dehnte sich die weite Wüste. Die Sonne stach vom wolkenlosen Himmel herunter, als wolle sie die Sandkörner zum Schmelzen bringen. Der Blick lief haltlos hin über gelbe und braune Flächen, über denen es vor Hitze flirrte und flimmerte, und lief in eine Endlosigkeit hinein, in der nicht Baum noch Hügel, noch irgendein sehbarer Begriff war. Wo die Blicke sich verloren, fing der Himmel an, und wo im Rücken der wandernden Flüchtlinge der Himmel sich auf die Erde stützte, auch da war nur Wüstenöde und endlose Trostlosigkeit.

Erbarmungsvoll war die Not der übermüdeten Himmelsmutter. Die Sonnenstrahlen brannten auf dem kleinen Körper des Jesuskindes und entzündeten seine zarte Haut. Und Maria bemühte sich vergebens, das Kind mit ihrem Manteltuch zu schirmen. Aber ach, der Mantel war auf der argen Reise um seine Schönheit und Güte gekommen, war dünn geworden und zerschlissen und voller Löcher. Maria mochte ihn wenden, wie sie wollte, und versuchen, was nur möglich war – sie konnte kein heiles Sonnendächlein für ihr Kind schaffen.

Es rief die Gottesmutter die ziehenden Vögel an, die Kraniche und die Störche, sie möchten dem Kind Schatten spenden, ihre Flügel breiten, Kühlung fächeln – aber die Vögel hatten es eilig und riefen im Vorüberfliegen: »Kiwitt, kiwitt – keine Zeit, keine Zeit!« Da reitet aus weiter Ferne, gehüllt in aufdampfende Sandwirbel, auf einem Araberhengst ein Reiter daher. Näher und näher trägt ihn sein Ross. Ein seidener Mantel weht von seinen Schultern, umwallt wie eine Fahne den sehnigen Körper. Wie eine rettende Hand winkt es flatternd im Wind. Der Reiter reißt das Ross zur Seite, als er die einsam wandernde Frau erblickt und ihre durchsorgte Lieblichkeit erschaut und das der sengendsten Glut ausgesetzte Kind gewahr wird. Er lässt den Bügel fahren, schwingt sich vom Pferd und breitet vor der Gottesmutter den Mantel, der ihm die Schulter hüllte, und deckt das Kind mit sorgsamer Hand. Und springt in den Sattel und ist schnell, wie ein guter Gedanke, der unvermutet kommt und geht, auch schon im aufwehenden Sand verschwunden.

Maria aber baute aus dem Mantel ein Zelt, in dessen Schatten sie gut rasteten, bevor sie weiterzogen des harten Weges, dem Süden zu, wo das Ende ihrer Kummerfahrt winkte.

Wohl tausend Jahre waren seit jenen Tagen über die Welt gegangen. Im erbarmungslosen Glutsand der Wüste, fern der Heimat, liegt ein sterbender Kreuzfahrer. Eine heiße Schlacht war geschlagen worden. Sarazenen hatten den Christenritter verschleppt und ihn in menschenferner Öde niedergestochen, ihn schmählich ausgeraubt und Waffen, Rüstung, Mantel ihm genommen. Rot rinnt sein Blut und versickert im Sand. Es schwinden ihm die wachen Sinne. Das sichere Ende vor Augen, dringt sein letztes Wort zum Himmel: »O Herr, wie ist der Tod so bitter! Schutzlos und verlassen verschmachte ich in der Glut deiner Sonne! Nimm mich auf zu dir!«

Heiliges Wunder! – Da senkt sich eine lichte Wolke mild vom Himmel und sie gleitet tief und tiefer und schwebt hernieder wie ein golddurchwirkter Teppich – und auf ihm thront in hehrer Lieblichkeit die göttliche Madonna. Ihren blauen Sternenmantel löst sie von den Schultern und deckt ihn sorglich über den wunden Ritter. Und wie aus einer anderen Welt klingen die Worte an sein Ohr: »Weißt du, dass vor tausend Jahren, da die Wüstensonne mich und mein Himmelskind versengen wollte, dein Ahn mir seinen Mantel schenkte, der dem Kind das Leben wiedergab? Nimm zum Dank dafür den meinen! Stehe auf und sei gesund!« Seine Heimat sah ihn lebend wieder. Stolz zu Ross zog der Kreuzritter ein in seiner Burg. Und der blaue Sternenmantel der Madonna wallte im wehenden Wind wie eine jubelnde Fahne und blieb für alle Zeit verehrt als der Schutzmantel der Himmelsmutter.

(Deutsch)

Der Schiffbruch

Auf der ägyptischen Fluchtreise musste die Heilige Familie auch einmal ein Schiff benützen. Kaum hatte der große Segler die Anker gelichtet und den Hafen verlassen, da erhob sich vom Land her ein ungeheurer Vogelzug, der fast die Sonne verdunkelte und wie eine graue Gewitterwolke näher zog. Nun hatten die Vögel das Schiff erreicht, sie umkreisten es mit lautem Kreischen und ließen sich auf den Masten, in den Rahen, am Bug und am Heck nieder und saßen in dichten Scharen auf dem Verdeck, sodass das Schiff aussah, als wäre es mit einem grauen Winterpelz überzogen. Ibisse waren es, die den Segler überfallen hatten. Sie riefen und schnatterten wild durcheinander und vollführten einen solchen Lärm, dass nicht zu verstehen war, was sie wollten. Die Matrosen schlugen mit Stöcken und Stangen auf die Tiere ein, dass sie erschreckt aufflatterten, voll Angst über das Deck liefen und sich zu verbergen suchten. Einige kamen bis in die Kajüte, in der die heiligen Leute schliefen. Die Ibisse setzten sich vor den Vater Joseph hin, schlugen mit den Flügeln, machten ihren Diener und erzählten, warum sie gekommen waren: »Es wird ein schweres Wetter kommen, überm Land hängen schon die schwarzen Wolken, ein Sturm wird sich erheben, wie man ihn noch nicht erlebt hat. Ihr müsst euch retten, denn das Schiff wird zugrunde gehen! Eilt euch und macht schnell!«

Da lief Joseph hinaus, um die Matrosen, die noch immer auf die unschuldigen Vögel einschlugen, zu warnen. Aber sie hörten nicht und lachten ihn aus: »Der Alte sieht Gespenster!« In seiner Sorge lief der heilige Mann zum Kapitän: »Gott hat uns die Ibisse als warnende Boten gesandt! Ein schrecklicher Sturm ist im Kommen. Dreh' bei und steure in den Hafen, wenn dir dein und unser Leben lieb ist!« – »Schnakes-Malakes!«, sagte der Kapitän, »Gewitter hin und Wetter her, die Vögel haben dir ein nettes Ei in den Kopf gesetzt. Mein Schiff hat schon mehr als einen Sturm ausgehalten! Ich dreh' nicht im Traume bei. Aber wenn ihr Angst um euer bisschen Leben habt, dann, in Kuckucks Namen, lass' ich euch ausbarken. Hallo, Matrosen, ein Boot für die ängstlichen Herrschaften!«

Da riefen die Ibisse, die nicht vom Schiff wichen: »Dreht bei, dreht bei, wenn euch eure Seelen lieb sind!« – »Fliegt zum Henker!«, schrien die Matrosen, »wenn euch eure Vogelseelen lieb sind! Den Kragen drehen wir euch um!«

Unterdessen war der Vater Joseph in die Kajüte gelaufen, hatte das Kind auf den Arm genommen und führte nun die geängstigte Gottesmutter die Treppe herauf. In diesem Augenblick flatterten die Vögel allesamt wie auf ein Zeichen hin auf und kreisten über dem Schiff. Und als die drei im Boot saßen und von Bord stießen, da ließen sich die Vögel dort nieder, umringten den Kahn, fassten mit ihren langen, gebogenen Schnäbeln überall mit an und zogen und schoben, dass das Schifflein rasch in Fahrt kam. Es war beinahe überflüssig, dass Joseph sich mit aller Kraft in die Ruder legte. Und rasch glitt der kleine, schwankende Kahn dahin. Die aufgewühlten Wellen trugen ihn empor auf die weißschäumenden Kämme und ließen das Schifflein, von den Ibissen dirigiert, wieder nieder in die Wellentäler gleiten, bis das rettende Land nahe war.

Kaum aber hatte die Heilige Familie den sicheren Hafen erreicht und war hinter dem großen Wellenbrecher gelandet, da erhob sich der angekündigte Sturm. Man sah, wie draußen auf dem weiten Meer die Wogen wie gepeitscht aufschäumten, das Wasser wurde Berg und Tal, und der große Segler ward herumgeworfen wie ein armselig verlorenes Holzstückchen. Dann wurde es beinahe nachtdunkel, wenn es auch noch hoch am Tage war. Blitze fuhren vom Himmel nieder ins Meer und erhellten zeitweise die Weite. Jetzt erkannte man, dass der Segler die Masten verloren hatte und nicht mehr gerade auf den Wellen ritt. Und als noch einmal das Himmelsfeuer aufleuchtete, da war auf dem großen, weiten Meer nichts Lebendes mehr zu sehen. Das Schiff war mit Mann und Maus elendiglich gesunken, ganz so, wie es Gottes weise Vögel vorausgesagt hatten.

Den Ibissen aber schenkte Maria ihre besondere Gunst. Sie machte ihre Nester unsichtbar, damit niemals ein Ei oder ein Vogeljunges von gierigen Leuten oder bösen Buben aus dem Nest genommen würde. Und kein Mensch hat seither ein Ibisei gesehen. Olala – oder hast du schon eines gefunden?

(Aus Frankreich)

Äpfel und Birnen

Auf ihrer abenteuerlichen Kreuz- und Querfahrt nach dem sicheren Lande, nicht mehr fern vom letzten Ziele, kam Maria mit dem Kinde endlich nach Alexandrien, der großen Stadt. Wieder war es ein glutheißer Tag, die Luft kaum zu atmen, von ätzendem Wüstenstaub erfüllt, der sich auf den Lippen, in den Augen, Ohren, in der Kehle beißend festsetzte. Maria selbst war am Ende ihrer geringen Kräfte. Vor ihr lag die Stadt, weiße Kuppeln wölbten sich über flachen Dächern, und schlanke, spitze Wachttürme stachen in die blaue Luft. Nun war sie bei den ersten Häusern der Vorstadt angelangt, wo sich eingehegte Felder und große ummauerte Gärten breiteten. Die arme Mutter konnte nicht mehr weiter. Hunger und Durst quälten sie, drei Tage waren sie wieder ohne Nahrung und Trank geblieben, und das hungernde Kind klagte mit leisem Wimmern. In hoffnungsloser Verzweiflung sank sie nieder in der schmalen Gasse des Weges, den hohe, nackte Gartenmauern säumten. Hier war wenigstens Schatten! Da gewahrte Maria einen prächtigen Birnbaum, der voll schöner, saftiger Früchte hing und lockend über die Mauer guckte. Und auf der anderen Seite des Weges ward ein Apfelbaum entdeckt, dessen brechvolle Zweige einladend in den Weg hereinhingen.

Da ging Maria hin und bat den Besitzer des Birnbaumes um eine Frucht. Um eine einzige Birne. Der fuhr sie aber böse an und schrie: »Nichts da, ich habe keine Birnen, das sind Steine auf dem Baum, die man nicht essen kann. Packt euch davon!«

Das war hart zu hören für ein Mutterherz. Maria aber verlor nicht den Mut und versuchte es bei dem Manne, der den schönen Apfelbaum in seinem Garten stehen hatte. »Hungrig seid Ihr, durstig seid Ihr und ein Kindlein habt Ihr auch noch zu versorgen?«, sagte der, »wartet, Frau, ich schüttle Euch Äpfel von meinem Baum, soviel Ihr haben wollt. Müsst Euch auch ein paar in die Reisetasche packen!« Ja, am liebsten hätte er ihr all seine Äpfel geschenkt, solch guter Mensch war das.

Und sein Baum, berührt von der segnenden Hand der Mutter Gottes, trug fortan die allerherrlichsten Früchte in einer Menge und Güte, wie man sie sonst nirgends auf der Erde findet. Ja, bis heute haben die Alexandriner-Äpfel, die man auf allen kaiserlichen Tafeln sah, den Ruf ihrer unübertrefflichen Köstlichkeit behalten.

Als aber der Mann des harten Herzens, dem der Birnbaum zu Eigen war, Obstlese halten wollte, um seine Winterkammern zu füllen, sah er zu seinem Schrecken, dass die Birnen zu eitel Stein geworden waren, ja nicht nur das, der ganze Baum mitsamt den Blättern und Ästen war versteinert. Wer einmal nach Alexandrien kommt und in die Vorstadt hinausgeht, kann dort den steinernen Birnbaum noch heute stehen sehen.

(Aus Italien)

Die letzte Tagreise

Mit dem Vorrücken der Jahreszeit hatte die Tageshitze gewaltig zugenommen. Immer häufiger mussten die Heiligen Drei während der kühleren Nacht wandern anstatt bei Tage, um so der ungeheuren Hitze zu entgehen. Sie legten Meile um Meile zurück, aber noch immer war des endlosen Weges, der sie durch die unbewohnten, toten Striche der großen Wüste führte, kein Absehen. Aus der Ferne sah der Berg Sinai, aber auch nur Stein und Fels, herüber.

Eines Tages besprachen sich Joseph und Maria: »Wir müssen ausbiegen«, sagte Joseph, »und der Küste zutrachten. Dort weht vom Meere her kühlere Luft, und wir werden auch Städte antreffen, in denen uns ein Obdach geboten wird. Hier gehen wir in der Hitze zugrunde. Wir wollen lieber den Umweg auf uns nehmen und eben noch ein paar Tage zulegen.«

Da fiel das Kind dem Vater in die Rede: »Seid ohne Sorge, ich will euch die Tagereisen so abkürzen, dass ihr den Weg, zu dem ihr dreißig Tagemärsche nötig gehabt hättet, von Sonnenaufgang bis hin zum Sonnensinken sollt zurücklegen können!«

Und da sie sich verwunderten, während das Kind noch redete, und von ungefähr aufblickten, da lag wunderplötzlich in ihrer Sicht eine begrünte Ebene, durch die das helle Silberband eines mächtigen Stromes zog, und sie sahen in der nahen Ferne die blauen Hügel des Ägypterlandes, und an ihrem Fuße die weißleuchtenden Städte. Da knieten sie nieder und beteten zu Gott.

Joseph aber sattelte von neuem den Esel und frohen Sinnes legten sie die letzte Tagreise zurück. Sie kamen, als die sinkende Sonne das Land mit glühender Röte überzog, an die ersehnten Grenzen, die für sie Ziel, Glück und Zuflucht bedeuteten.

(Aus den Apokryphen)

Die Jerichorosen

Endlich! Endlich! Endlich! Die weite Wüste lag hinter der fliehenden Maria. Vor ihren glücklichen Augen breitete sich das ersehnte, gesegnete Ägypterland aus wie ein bunt geblümter Teppich, den die blinkenden Wasser des Nils wie Silberborten durchwirkten. Da tat ihr Herz sieben frohe Sprünge und es vergaß alle Nöte und die argen Mühen der schweren Zeit. Von Dankgefühlen überwältigt, fiel Maria nieder, wo sie stand, in den Glutensand, der an vielen elenden Tagen den Saum ihres Kleides zerfressen und ihre Fußsohlen blutig geschunden hatte, und sie dankte dem Himmel für die unermessliche Huld, mit der er sie und das Kind bis hierher geleitet hatte. Doch als sie sich aus ihrer Versunkenheit erhob, sah sie das Fleckchen Erde, das ihre Knie berührt hatten, übersät von schönen, zarten Röselein, die wie purpurnes Herzblut im dürren Wüstensande leuchteten. Und als die Heilige Mutter ihre Blicke erinnernd zurücksandte in die Ferne, aus der sie im schmerzenden Wandern gekommen war, da fand sie den Weg in ein rotes Schlängelband verwandelt. An allen Stellen, die ihr fliehender Fuß, der wehende Saum ihres Kleides berührt hatte, waren die roten Rosenblüten aufgesprossen, und in den zierlichen Wännchen, die der schmale Fuß der Gottesmutter in den Sand gepresst, hatten sich die goldroten Büschelchen wie in kleinen Blumenkästchen gesammelt. Und bis hin zum fernen Orte, wo ihre Flucht anhub, zog sich das rote Rosenband.

Wenn Pilger ins Heilige Land ziehen, ist die Wüstenrose das einzig Lebendige, das in der Dürre ihre Augen grüßt und dessen Duft sie erquickend labt. Kein anderes Fleckchen in der Welt vermag die Wunderblume hervorzubringen. Sie wird von den frommen Pilgersleuten mit behutsamer Hand gebrochen und wie ein Heiligtum verehrt und zurück ins Abendland als liebes Andenken gebracht. Und alle Klosterschätze der Welt bergen solche Jerichorosen, wie sie der Mund des Pilgrims in Ehrfurcht benannt hat.

Durch ein Wunder entstanden, birgt die Rose der Maria aber noch ein weiteres Wunder. Alljährlich um die Weihnachtszeit öffnet sie ohne zu wurzeln ihr goldrotes Herz und treibt und blüht ohne Ende bis zur Christnacht, in der sie dann in vollem Glanze leuchtet. Sie mag noch so dürr werden, mag altern und vertrocknen, sie wird niemals verderben und nie faulen, denn ein Hauch der Unsterblichkeit hat ihr Leben gesegnet. Selbst tausend Jahre alte

Rosen erwachen in der Heiligen Nacht aufs Neue. Und die Leute lassen sich von ihr die Zukunft künden und eine lachende Blüte zeigt gutes Jahr und Glück und Wohlsein an.

Zwischen frohem Erinnern an Schmerzen und schwerer Sehnsucht nach friedlichem Glück ist einstens die Rose der Gottesmutter aufgeblüht. Während die leidvoll-freudvollen Gedanken den harten Leidensweg der Flucht zurückliefen und sehnsüchtige Wünsche nach endlichem Frieden und Glück vorauseilten in das Gelobte Land, da spross die lebendige Rose aus der nackten Wüstendürre: nicht anders als ein Symbol des menschlichen Lebens, das ein Wandern ist in der Wüste zwischen Erinnerung und Sehnsucht. Und immer wird auch in dieser dürren Öde ein Festtag sein, eine Heilige Nacht, in der selbst die verdorrteste Rose aufspringen kann wie ein lebendiges rotes Herz.

(Aus Palästina)

DIE KINDHEIT

»Und Jesus nahm zu
an Weisheit, Alter und Gnade
bei Gott und den Menschen.«

Die Passionsblume

Nach ihrer Flucht ins Ägypterland bewohnte die Heilige Familie eine kleine Hütte nahe der uralten Königsstadt Memphis. Vom Fenster aus sah man weithin über den von Palmen gesäumten schimmernden Nilstrom. Maria hatte Heimweh nach ihrem fernen Nazareth und schaute oft dem Zug der Schiffe nach, die mit hohen Segeln stromauf, stromab vorüberfuhren. Der kleine Jesus sah sich nimmer satt an Wellen und Schiffen und Wolken.

Alle Dinge nannte er beim rechten Namen, mit allen wollte er spielen, waren sie groß oder klein. Aber am liebsten hatte er doch die Blumen. Und weil um Vater Josephs arme Hütte kein Garten blühte, so sprang das Jesuskind, sooft es anging, hinüber ins Blumengärtchen der Nachbarin, die eine Müllerin war. Ein großes Wasserrad mahlte das Korn und schöpfte zugleich ständig Wasser, das den Garten tränkte.

Einmal war Mutter Maria mitgekommen und sie standen nun vor den Blumen, die besonders gepflegt wurden und in irdene Töpfe gepflanzt waren: Oleander und Malven, Nelken, Löwenmaul und Damaszener Rosen. Aber noch keine der Knospen hatte sich geöffnet, weil von den Wüstenbergen her der Wind rauh und kalt ging. Das Jesuskind aber, von der Mutter auf den Arm genommen, streckte das Händchen nach einer von den Blumen aus. Und siehe – da sprang diese auf, wie wenn die Sonne sie geküsst hätte. Aus dem Spalt des sich öffnenden Kelches blitzte schon der Scharlach der Blüte. Ein Lächeln spielte um den Mund des Kindes – o Wunder – da erschloss sich die Blume vollends. Doch – als die Gottesmutter voll Erstaunen die entfalteten Blättchen sah – ach, was musste sie sehen? Winzig kleine Abbilder der sieben furchtbaren Schmerzen, die ihm dereinst bestimmt waren: Kreuz und Martersäule, Hammer und Nägel, Geißel, Dornenkrone und Speer.

Das Jesuskind aber frohlockte über die wunderreiche Passionsblume in seinen Händen, brach sie an langem Stiele ab und steckte sie voll Liebe der Mutter ans Herz. Und sah nicht, wie dieses zitterte und pochte und wie die Mutter blaß und bleich stand wie menschgewordenes Leid. Maria drückte ihr allerliebstes Kind noch fester ans Herz, und eine Träne betaute ihre zarte Wange. Die Passionsblume aber, seitdem überall gehegt und gepflegt, bewahrt für alle Zeiten die Erinnerung an die Martern der Passion des Herrn.

(Aus Italien)

Maßliebchen, Marienblümchen

Die Heilige Familie war glücklich in die Heimat zurückgekehrt. Gottes Segen umfing sie, und Vater Joseph baute als geschickter Zimmermann ein festes Haus. Drei Jahre alt war das Jesuskind geworden. Es wollte ihm die Mutter zur Feier des Geburtstages einen Blumenkranz flechten, aber es gab nirgends Blumen, die sie hierfür verwenden hätte können, denn es war ja mitten im Winter, tiefer Dezemberschnee deckte Felder und Fluren, und künstliche Blumen aus Papier oder bunten Stoffen gab es in dem kleinen armseligen Nazareth nicht. So versuchte Maria selbst ihre Kunstfertigkeit. Aus Leinenabfällen, aus Stoffschnitzeln und Seidenfäden flocht und stickte sie allerlei zierliche Blümchen, große und kleine, wie es der Sinn ihr eingab. Eines von diesen Pflanzengebilden geriet besonders prächtig, denn sie hatte dazu ein Stückchen von der schweren, goldgelben Seide genommen, die noch von einem Prachtgewand des König David, Marias Urahn und Stammvater, herrührte, und hatte den Rand mit dicken Fäden aus schlohweißer Seide besetzt. O weh! – Dabei hatte Maria sich mit der Nadel in den Finger gestochen, dass das rote Blut heraussickerte und ein perlender Tropfen auf die weißen Seidenspitzen fiel und sie durchtränkte, dass sie rosig schimmerten. Am Weihnachtstage war der Blumenkranz fertig und Maria flocht ihn dem Jesuskind ins dunkle Haar. Und Jesus freute sich gar sehr über die wunderzierlichen Blümchen, ganz besonders aber gefiel ihm der gelbweiße Blütenstern mit den rosaroten Spitzchen, den der Mutter Fingerblut gerötet hatte. Solange der Winter währte, bewahrte er die Blumen sorgsam auf wie einen kostbaren Schatz, und nur an den Sonntagen ließ er sich den Kranz um die Stirne legen. Als nun der Lenz ins Land gezogen kam, nahm das Kind aus dem Geflecht den weißgoldenen Stern, der seine Lieblingsblume geworden war, heraus und pflanzte ihn ins freie Land, damit er Sommer und Winter fortblühe. Wunderschön, ganz wie ein erdgewachsenes stand das Blümchen im allerersten Frühlingsgrün. Und Jesus holte seinen Goldbecher, den ihm die Heiligen Drei Könige aus dem Morgenland geschenkt hatten, lief zum Brunnen, schöpfte Wasser und begoss es und hauchte die Sternblume mit seinem göttlichen Atem an – und da schlug sie Wurzel und ward zur lebendigen Pflanze, wuchs und gedieh und trieb Blüten und Blättchen.

Und der Wind trug von Nazareth aus ihre Samenkörner in alle Welt. Aus jeder Wiese und aus jedem Feld hebt nun der weißgelbe Stern sein lachendes, strahlendes Köpfchen, kaum dass der letzte Schnee im Tauwind geschmolzen ist, und leuchtet unverdrossen das Jahr hindurch bis zum spätesten Tage im Herbst. Die Menschen lieben die treue, immerfrohe Blume über alle Maßen und nennen sie drum Maßliebchen oder zum Gedenken an die schöne Geschichte ihres Entstehens: Marienblümchen.

(Deutsch)

Die unersättlichen Hühner

Wenn der kleine Jesus sein Süppchen und sein Mittagsbrot bekam, da liefen gleich von allen Seiten die Hühner herbei, Hals über Kopf und Kopf über Hals, damit sie ja nichts versäumten. Sie warteten aber geduldig, sprangen wohl dann und wann ein wenig in die Höhe, um genauer zu sehen, was und wie viel es wohl gäbe. Denn Jesus hatte alle Tiere lieb und vergaß nie, mit ihnen sein kleines Mahl nach Gebühr zu teilen. Mit der Zeit aber vergaßen die Hühner, was sich schickte, und wurden gierig und frech. Wenn versehentlich ein Brocken zur Erde fiel, stürzten sie darauf los, als wären sie toll und wild geworden und kratzten und balgten sich, dass die Federn flogen. Besonders hatten sie es auf die goldgelbe Polenta, das trockene Mus aus gemahlenem Mais, abgesehen. Kaum setzte Jesus das Schüsselchen zur Seite – wupp – schon saßen die Hennen daran und pickten auf, was schnabulierbar war. Immer ärger trieben sie es. Eines Tages, als das Kind sein Polentaschüsselchen in der Hand hielt und mit frohen Augen einem bunten Schmetterling nachschaute, saß schon ein frecher Hühnerschnabel darin und fraß sich an. Eine andere Henne sprang gleich, als müsste es so sein, auf den Arm des Jesuskindes und so hieben sie in die Polenta ein wie heißhungrige Wölfe. Gack, gack, gack, gaa, schon war des Kindes Mittagsbrot durch die Hühnerkehlen gerutscht. Da schaute die Mutter Maria aus dem Haus, um zu fragen, wie es dem Kind wohl schmecke und sah, wie das gierige Hühnervolk vom Mittagsmahl des kleinen Jesus eben die letzten Überreste verspeiste: »Ihr unverschämtes Hühnervolk, fort mit euch!«, rief sie und klatschte in die Hände und machte: »gsch, gsch!« Aber die Hennen gacksten nur vor Wohlbehagen und lachten und sagten: »Gehabt ist gehabt, gack, gack!« Aber da hob Maria drohend den Finger: »Das soll euch nicht vergessen sein! Ständiger Hunger und immer ein leerer Magen, das sei der Denkzettel, weil ihr dem Kind das Mittagbrot gestohlen habt!« Da wackelten die Hennen beschämt davon, eine hinter der anderen und sagten nicht mehr gick und nicht gack, gingen in den Busch und jammerten: »Ach, ach, gach!«, und dachten betrübt ihr Leben lang an diesen Mittag, an dem sie sich zum letzten Mal satt gegessen hatten. Denn seither fressen sie immerzu, Körner und Würmer, Krumen und Brocken, und haben doch nichts im Magen. Mit dem, was sie finden, sind sie nicht zufrieden und so hacken sie die Erde auf und wenden, was ihnen unterkommt zehnmal um, ob's nicht was Besseres gäb, das sie satt machen könnte. Und sperren die Schnäbel auf und machen ein Geschrei und ein Gezicker und Gezacker, ein Gekakel und ein Geächze, als müssten sie den ganzen Jammer der Welt beklagen.

(Aus Venetien)

Das Vergissmeinnicht

Das Jesuskind saß in der grünen Wiese und spielte mit den Blumen. Es hatte sich die schönsten ausgesucht und hatte ihnen Namen gegeben. Wenn das Kind einen Namen in die Wiese rief, dann sollte das Blümchen »Hier!« sagen und dreimal mit dem Kopfe nicken. Das war ein lustiges Spiel! Passte eine Blume nicht auf, dann schickte Jesus die Hummel hin oder den roten Schneiderbock, der das Blümchen aus seinen Sommerträumen aufrüttelte.

Das Stiefmütterchen, das Zittergras, Augentrost und Himmelsschlüssel, das Maßliebchen und die Sternblume waren schon an der Reihe gewesen und alle hatten brav und schnell »hier« gerufen und dreimal gewackelt. Auch das Veilchen und das Hirtentäschchen hatten gut aufgepasst. Doch dort stand ein kleines, bescheidenes Blümchen, das kaum über die grünen Gräser herausschauen konnte, hörte gar nicht auf das Rufen und träumte mit seinen himmelblauen Guckaugen in den Himmel hinauf und überlegte, was ist wohl blauer: der Himmel oder ich? Und während es sich darüber den Kopf zerbrach, hatte es richtig den Namen vergessen, den ihm das Jesuskind gegeben hatte. Und es fragte Herrn Löwenzahn und den Nachbar Rittersporn und die Braut im Haar und das Fleißige Lieschen, aber keines konnte ihm den Namen sagen, denn sie hatten alle mit sich selbst zu tun, dass sie ihre Taufnamen nicht vergaßen. Vielleicht haben die Blumen ein schlechtes Gedächtnis für Namen. Für lateinische gewiss. Myosotis palustris wäre auch wirklich schwer zu merken und zu sagen gewesen.

Jesus hatte schon zum dritten Male gerufen und das blauäugige Blümchen hatte nicht gehört. So schickte er den Laufkäfer hin, er solle das Träumerchen aufrütteln. Kroch der Laufkäfer hinüber und schüttelte am Stengel, als wenn's ein Zwetschgenbaum wäre. »Oje, oje«, jammerte es, »wie heiß ich nur gleich, wie heiß ich nur!« Der Laufkäfer galoppierte spornstreichs zurück und vermeldete, dass man seinen Namen vergessen habe. Da ging das Kind selbst hin zu der Blume, hob ein Fingerlein und sagte: »Vergiss …!«, und das Blümchen sagte beschämt: »… mein nicht!« – »Jawohl, so sollst du heißen«, sprach das Kind, und das Blaublümchen war froh, dass es wieder einen Namen hatte, bedankte sich und sagte ihn nun immerzu vor sich hin, damit es ihn ja nicht wieder vergäße: »Vergissmeinnicht! Vergissmeinnicht!« Und den Namen hat es bis heute behalten und nicht mehr vergessen.

(Aus der Schweiz)

Die Astern

Als das Jesuskind in Nazareth zwischen den Dorfkindern aufwuchs, schickte ihm der liebe Gott einen Engel, der mit ihm spielen und ihm vom Paradies und dem himmlischen Vater erzählen sollte.

Einer der Spielgefährten des Jesuskindes war der kleine Johannes, eben jener, der später den Heiland im Jordanflusse taufte. Ihm erzählte Jesus alles wieder, was er Schönes von dem Engel gehört hatte. So sagte er ihm, dass der Himmel eigentlich eine große Wiese sei, auf der tausend und abertausend hellglänzende Sternblumen wüchsen, die von den Menschen, die das nicht so genau wüssten, Sterne genannt werden. Und auf dieser Wiese spielen die Engel Verstecken und Blindekuh und pflücken Blumen und lassen manchmal eine davon aus Versehen zur Erde fallen. Dann sagen die Leute: »Guck, eine Sternschnuppe!«, und wünschen sich etwas. Noch viel Wunderbares wusste das Christuskind zu erzählen und schenkte schließlich dem kleinen Johannes eines von den himmlischen Samenkörnern, die ihm der Engel mitgebracht hatte.

Der kleine Johannes eilte nach Hause und pflanzte das Himmelskorn dort in sein Gärtlein in die Erde, pflegte und begoss es und erzählte allen Kindern, er habe in seinem Garten einen echten Stern vom Himmel gesät. Da guckten sie über den Zaun und guckten alle Tage und warteten auf das Aufgehen des Samenkornes. Aber sie mussten lange warten, denn so schnell wachsen die Himmelsterne nicht. Sie müssen sich erst an den irdischen Boden gewöhnen. Als aber der Herbst kam, da sprossen wunderschöne Sterne an langen Stielen aus dem Boden und schauten verwundert mit großen Gesichtern zum fernen, hohen Himmel auf, machten lange Hälse und zuckten mit den Schultern, als ob es ihnen hienieden nicht so ganz gefiele.

Jubelnd nannten sie die Kinder Sternblumen oder Astern, wie man damals sagte. Und diesen Namen behielten sie auch bis auf den heutigen Tag.

(Deutsch)

Die weißen Raben werden schwarz

Die Raben und die Krähen, die waren früher weiß, ganz schneeweiß, nicht anders von Farbe als die Schwäne. Es waren wunderschöne Vögel, die sich auf ihr silbriges Gewand gar viel zugute taten. Sie spazierten zu jedem Bächlein und Wässerlein, bespiegelten und beguckten sich darin, putzten sich und zierten und frisierten sich und nahmen fleißig Bäder, damit ja kein Fleckchen auf ihrem weißen Kleid zu sehen wäre.

Einmal kam der kleine Jesus durch den Wald gegangen, hatte großen Durst und wollte aus dem frischen Bächlein, das sich durch die grüne Waldwiese schlängelte, trinken. Die Raben aber und die Krähen, die dort bei ihrem gewohnten Tagwerk am Wasser saßen und wieder einmal große Wäsche hielten, trübten mit ihrem Flügelplantschen das Bächlein, wirbelten den Grund auf und machten es ganz schmutzig. Es bat da der Knabe die Tiere: »Ach, hört doch einen Augenblick auf, ihr eitles Federvolk, ihr macht mir ja das Wasser trüb und seht doch, dass ich trinken möchte!« Die Raben aber hörten nicht, sie plusterten und blähten sich, schlugen Purzelbäume und kugelten wie unartige Buben im Wasser herum, hüpften hinein und heraus als wären sie Frösche, schüttelten sich, dass das Wasser umherspritzte, schwatzten und lachten, schlugen einen Radau, dass man kein Wort verstand, und machten das klare Wasser trüb und schwarz wie Tinte. Da war es mit der Geduld des Jesuskindes vorbei: »Ihr undankbares Rabengesindel!«, rief er ihnen zu, »hat euch der liebe Gott darum ein blendend weißes Gefieder gegeben, dass ihr so wild und böse seid und mir das Trinkwasser trübt? Schwarz wie das Wasser hier, kohlpechrabenschwarz wird euer Gefieder werden, damit euch der eitle Hochmut vergeht und ihr fortan kein Wässerlein zu trüben braucht!« Und siehe da – als die Raben aus dem Wasser kamen, da waren ihre schneeweißen Federn schwarz geworden, so kohlpechrabenschwarz, wie es ihnen Jesus angedroht hatte. Da half kein Waschen und kein Striegeln, kein Putzen und Flügelschlagen, die Federn wurden nimmer weiß. Seitdem sind die Raben schwarz und bleiben schwarz, ächzen und krächzen den lieben lagen Tag und machen ihrer Scham und ihrem rabenschwarzen Ärger mit lautem Krächzen Luft.

Und ein weißer Rabe – ja, das ist die allergrößte Seltenheit auf Erden geworden.

(Aus Tirol)

Der Mann im Mond

Eines schönen Tages schickte die Mutter Maria das Jesuskind mit einem Korb voll Äpfel über Land, den es seinem Vater Joseph bringen sollte, der irgendwo auf Zimmermannsarbeit war und keine Zeit hatte, nach Hause zu kommen.

Der volle Korb aber war groß und schwer und das kleine Kind hatte sehr daran zu schleppen. Kaum dass Jesus ein paar Schritte gegangen war, musste er die Trage niedersetzen und rasten. Sogar mit dem Taschentüchlein fuhr er sich einige Male über die Stirne, so ein arges Schleppen war das. Und er wurde müde und müder und es ging schier nimmer. Als er wieder ganz erschöpft auf seinem Tragkorb saß und ausruhte und Atem holte, kam ein fremder Pharisäer des Weges gegangen: »Ach, lieber Mann!«, hielt ihn der Jesusknabe an, »helft mir doch, meinen Korb ein Stückchen zu tragen. Ich bin ein kleiner Junge und Ihr seid ein großer, starker Mann!« Der war zwar ein großer, starker Mann, aber auch ein hartherziger Mensch. »Steh mal auf und mach mir Platz auf deinem schönen Sitz!«, antwortete er. Und Jesus sprang brav und artig auf. Da hockte sich der Kerl breit und frech auf den Apfelkorb und fing mit offenem Maul zu lachen an: »Ich blas dir was, du junger Faulpelz! Trag du nur dein Zeug allein!« Und saß auf dem Apfelkorb und schlenkerte unverschämt mit den Beinen. Der kleine Jesus wiederholte seine Bitte eindringlicher, aber der ungute Mensch ließ sich zu keiner Hilfeleistung herbei, stand wieder auf, nahm sich gar noch einen Apfel und wollte seines Weges gehen. »So seid wenigstens so gut«, rief endlich Jesus, »und haltet einen Augenblick Wache bei meinem Korb, nur ein kleines Weilchen, bis ich zur Mutter gelaufen bin, die mir dann helfen wird!« – »Was!«, rief der Kerl und konnte mit dem apfelvollen Mund kaum sprechen, »ich soll hier sitzen und deine dummen Äpfel hüten? Da säße ich ja lieber im Mond!«

Bumbs – da saß er auch schon im Mond. Mittendrin. Man kann es sehen. Dort sitzt er noch heute und morgen und übermorgen und alle Tage – bis in Ewigkeit – Amen!

(Deutsch)

Die Flunder

Das Jesuskind wurde ein andermal von der Mutter zum Einkaufen geschickt, auch ein paar gute Fische für den Mittagstisch sollte es mitbringen. Jesus hängte also sein kleines Tragkörbchen über den Arm und ging in den Ort, wo die Händler am Marktplatz Fische feilhielten. Da gab es allerhand Arten: Schollen und Karpfen, Schellfische, Flundern, ganz große und kleinwinzige Fische, auch Austern fanden sich und essbare Muscheln. In Körben war alles gut verpackt oder zum Besehen und Betasten anschaulich auf den Ständen ausgelegt. Wie eine erfahrene Hausfrau ging der Junge von Stand zu Stand, beguckte sich die Ware, roch an den Fischen, ob sie auch frisch seien und fragte vorsichtig nach den Preisen. Er entdeckte eine schöne, volle Flunder, für die auch nicht zu viel Geld verlangt wurde. Die wollte er für die Pfanne mitbringen. Mutig griff er in den vollen Fischkalter, in dem es von munteren Schwimmlingen nur so wimmelte, und erwischte die ausgewählte Flunder bei den Flossen, und sagte zu ihr: »Schön bist du, fetter Flunderfisch, du musst mit mir auf Mutters Tisch!« Als das die Flunder hörte, da wehrte sie sich, schlug wild mit dem Schwanze, würmte und krümmte sich und wollte um keinen Preis verspeist werden. Da griff Jesus fester zu und drehte ihr dabei versehentlich den Kopf schief. Nun war sie ruhig, schielte zwar etwas erstaunt, kam in den Korb und in Mutters Küche und gab ein ausgezeichnetes Mittagsmahl.

Der schiefe Kopf ist ihr aber geblieben und wuchs auch allen ihren Nachkommen so. Schau dir nur die Flunder an, wie sie mit dem verdrehten Kopf um die Ecke schielen will!

(Aus Dänemark)

Die Erschaffung der Eule

Die Gassenbuben von Nazareth waren genauso bös und ungezogen wie alle Gassenkinder. Sobald sie den kleinen Jesus sahen, liefen sie hinter ihm her, zupften ihn am Röckchen, schrien ihm böse Worte nach und fragten ihn mit frechen, höhnenden Grimassen, ob er wirklich der Sohn Gottes sei. Es lag auch wohl ein Funken Neugierde in ihrem Spott, hätten sie doch gar zu gerne eines von den Wunderstücken gesehen, wie sie geschwätzige Mäuler geheimnisvoll dem künftigen Messias nachrühmten. Einmal, als der kleine Jesus von Hause weg zum Spielen gehen wollte, zogen sie wieder hinter ihm drein und schrien im Takt nach Lausbubenart einen Vers, den sie schnell gemacht hatten:

»Vogelmacher, Vogelmacher,
mach uns schöne Vögel,
wenn du das nicht machen kannst,
kriegst du deine Prügel!«

Sie kannten nämlich die Geschichte, die sie nicht glaubten, wie Jesus vor den Augen des Sadduzäers einmal Lehmvögel belebt hatte. Aber auf die losen Spottverse verwandte Jesus, der göttliche Knabe, kein Ohr, sondern ging unbekümmert seines Weges und guckte in den blauen Himmel und nach den segelnden Wolken. Die Buben ließen ihm jedoch keinen Frieden und riefen ihm ohne Unterlass ihren Spruch nach. Da entschloss er sich, sie doch durch den Augenschein eines Wunderwerkes zu belehren: »Also kommt!«, rief er ihnen zu, »wir wollen Vögel machen!« Das ließen sich die Kinder nicht zweimal sagen, sprangen rasch herbei und taten, als wären sie die bravsten Spielkameraden, und setzten sich im Kreise um den Jesusknaben. Jesus gab ihnen an, aus Erde einen Vogel zu formen und machte es ihnen vor. Aber sie kneteten mit ihren ungewandten und faulen Fingern und brachten endlich mit Ach und Weh ein ganz unförmiges Gebilde zustande, das nicht Vogel und nicht Fisch, nicht Wurm und nicht Vierfüßler war, und das zu alledem einen abscheulichen dicken Katzenkopf aufhatte, der wie ein fetter Kürbis auf einem dünnen Stengel saß. Einer solchen Missgeburt wollte aber Jesus nicht zum Leben verhelfen. Er ließ das Ding also liegen, und sofort fingen die unvernünftigen Kinder wieder an zu höhnen und zu spötteln. Da formte er rasch und gewandt selbst ein zierliches Vögelchen, nahm es in die hohle Hand, blies es an und schon flog eine Nachtigall mit Jubelgetriller fort in die blühenden Rosenhecken. Da sagten die Buben freilich: »Ah!«, und guckten mit dummen Nasen in die Luft.

Gaben aber noch immer keine Ruhe. Jesus war voll Geduld und Langmut und rasch entstand unter seinen geschickten Fingern ein neues Tier. Husch, husch, flog es als Meise davon, setzte sich in den Busch und sang so schön, dass selbst die vorlauten Buben andächtig zuhörten. Aber im Nu war schon auch wieder die Ruhe verflogen und sie fingen von neuem an, den Christusknaben zu necken und zu ärgern, ganz wie es eben ungezogene Kinder tun: »Etsch! Etsch! Etsch! Unsern Vogel kannst du aber doch nicht zum Leben bringen!«, sagten sie und zeigten auf ihr Machwerk aus Lehm und Erde mit dem dicken Katzenkopf und den Glotzaugen, denn sie hatten ihm zu große Kieselchen eingesetzt. Da strich Jesus aber, um dem Gespötte und Gezweifel ein Ende zu machen, dem Tonmonstrum über den Leib und – siehe da – das plumpe Tier erhob sich wie ein umgefallenes Stehaufchen, hüpfte ein paar Schritte, rührte ein wenig die zu großen hängenden Flügel, und da saß es auch schon auf dem nächsten Ast und schrie ein gar klägliches Katzenmiau auf seinen Schöpfer herunter. »Da habt ihr eure Eule!«, sagte Jesus, stand auf und ließ die verdutzten Gassenbuben bei ihrem missglückten Vogel sitzen. Der war aber gar nicht zufrieden mit seinem dicken Kopf, den spitzen Ohren und den kurzen Füßen, dass er sich seitdem bei Tag versteckt und sich nicht sehen lässt und erst bei Nacht aufwacht.

(Aus Polen)

Geschichten vom Brunnen

Dazumal hatten es die Leute noch nicht so bequem wie heutzutage, dass sie, wenn man Wasser brauchte oder trinken wollte, einfach in die Küche gingen, den Wasserhahn aufdrehten und den Becher oder Topf darunterhielten. Meist gab es in jedem Dorf nur einen Brunnen, in den Städten vielleicht zwei oder drei, und das waren gar keine richtigen Laufbrunnen, aus deren Röhren lustig das Wasser plätscherte, sondern einfache Quellen, die irgendwo aus der Erde sprangen und vielleicht mit ein paar Steinen eingefasst waren. Und oft versiegten diese Quellen und man war auf das laue Grund- und Regenwasser angewiesen, das mühsam aus tiefen Zisternen geschöpft werden musste. Nicht jeder Ort war in der glücklichen Lage, eine derartige unerschöpfliche Wasserkammer aufzuweisen. Wer Wasser brauchte, musste also zum Brunnen gehen. Des Abends kamen dort die Mägde zusammen und erzählten sich, während ihre Krüge voll- und überliefen, was Neues in der Welt geschehen sei, denn Zeitungen, aus denen man es hätte lesen können, gab es damals auch noch nicht. Wer keine Magd hatte, der schickte seine Kinder zum Wasserholen, und wer keine Kinder hatte, der musste selber gehen.

Als Jesus herangewachsen war und nach seiner Art der Mutter Maria schon ein wenig helfen konnte, wurde ihm das Amt des Wasserschaffens übertragen. Meist musste er zweimal des Tages seinen Weg zum Brunnen machen. Zur Mittagsstunde ging Jesus am liebsten, denn da traf er dort seine kleinen Freunde, mit denen man ein wenig spielen konnte, wenn man sich nicht neckte oder sich etwas zu erzählen hatte, bis man, wenn es zwölfe vom Turme schlug, im Laufschritt mit seinem Wasserkrug nach Hause trabte.

Da stand irgendwo auf halbem Weg ein Platanenbaum, der eine alte Steinbank überschattete. Dort hielten die Kinder, wenn sie vom Brunnen kamen, häufig kurze Rast, stellten ihre schweren Krüge ab, denn das Tragen auf den Köpfen, wie es Landessitte war, strengte sehr an, und spielten wohl noch ein schnelles Mal mit den Murmeln oder Anprallen mit den Kupfermünzen. Eines Tages, als auch Jesus unter ihnen war und sie bei der Bank, die jetzt voller Krüge stand, ihren Heimweg unterbrachen, da hing der Jesusknabe, weil auf der Bank kein Platz war, seinen vollen Krug an einem Sonnenstrahl auf, der durch das Blätterdach drang. Richtig an beiden Henkeln baumelte der Krug dort oben an den goldenen Lichtfäden. Hah! Das hatten die Kinder noch nicht gesehen! Und sie versuchten es Jesus gleichzutun und wollten ihre Krüge und Becher ebenfalls an dem luftigen Sonnenstrahl aufhängen. Aber – oh weh! – als sie die Henkel losließen, da fielen die Krüge jämmerlich zur Erde und zerschlugen sich kurz und klein, und aus dem mühsam geschöpften Wasser ergoss sich eine kleine Sintflut.

Und die Kindertränen, die da flossen, vermehrten noch den Wassersegen. Alle weinten und wussten keinen Rat und schimpften auf Jesus, der daran schuld sein sollte. Der aber kniete nieder, kehrte mit den Händen die Scherben auf einen Haufen und reichte daraus einem jeden Kinde seinen unbeschädigten Krug. Ja – und noch mehr – alle Gefäße waren wieder voll Wasser wie vordem.

Ein paar Tage waren vergangen, der heiße Sommer hatte die Quelle zum Versiegen gebracht, da kam Jesus des Abends zur Zisterne. Dort saßen die Mägde ringsum auf dem Brunnenrand, lachten und plauderten und ließen die Holzpantoffeln auf den Zehenspitzen schaukeln. Jesus stellte seinen Krug zwischen die Mädchen auf die Mauer und machte sich daran, den Schöpfeimer an der Winde in die Tiefe zu lassen. Da stieß eine fürwitzige Magd den Krug des Jesusknaben mit dem Fuße an, dass er umfiel und vom Rand in den tiefen Zisternenschacht rollte und im Grunde zerbrach. Und sie lachte, dass ihre Zähne wackelten: »Das ist ja der Topf von Zimmermanns Jesus, der die Krüge an die Sonnenstrahlen hängt, der kann sich leicht einen anderen aus der Nase ziehen!« Laut lachten sie alle, weil es ein gar so guter Witz war.

Jesus aber sprach kein Wort. Vielleicht stand auch auf seinen Lippen ein kleines Lächeln. Er holte einen Eimer voll Wasser an der Winde herauf, nahm sein Kleidchen mit den Zipfeln zusammen und goss munter das Wasser aus dem Kübel dahinein. Und kein Tröpfchen ging daneben und kein Tröpfchen sickerte durchs Gewebe, ja nicht einmal sein Schürzchen wurde nass. Und so ging er heim zu seiner Mutter und erzählte ihr, was geschehen war. Maria zog das Kind an ihre Brust, fuhr ihm durchs weiche Haar und küsste es und verbarg still und dankbar in ihrem Herzen, was sie wusste.

Den Mädchen draußen am Brunnen aber war das Lachen wie vom Wind von den Lippen geblasen.

(Aus den Apokryphen und abgeleiteten Quellen)

Der erste Christbaum

Zu Nazareth, dem stillen Landorte, in dem das Jesuskind heranwuchs, lebte ein armes Weib. Der liebe Gott hatte ihr sieben Kinder geschenkt, aber nicht das Brot dazu, um sie zu ernähren. Da war oft Schmalhans Küchenmeister und der Hunger ständiger Gast. Der Vater lag längst unter der Erde, und der Mutterhände Arbeit allein genügte nicht, um die siebenköpfige Kinderschar satt zu machen. Doch Gott verlässt die Seinen nicht. Er sandte ihnen seinen eigenen Sohn ins Haus, das Christuskind, das oft mit den armen Kindern spielte. Und waren sie müde vom Tollen und Laufen, so nahm Jesus die kleine Gesellschaft mit nach Hause. Mutter Maria kochte Kaffee, eine große, große Kanne voll, schnitt Berge von Brot auf und strich dick Butter und Honig darauf. Da hieben die hungrigen Kinder lustig ein und aßen sich wacker durch den Schlaraffenberg durch und liefen dann beglückt heim zu ihrer Mutter.

Der kleine Jesus war sieben Jahre alt geworden. Mutter Maria hatte diesen Tag nicht vorbeigehen lassen, ohne ihr liebes Kind mit allen Gaben zu bedenken, die es sich nur immer gewünscht hatte. Als nun Jesus abends müde und glückselig in seinem Bettchen lag und die großen Ereignisse dieses siebenten Geburtstages im Stillen nochmals überdachte, da kamen ihm plötzlich die Gedanken an die armen Spielgefährten in den Sinn, die ganz gewiss noch niemals ein Geschenk zum Geburtstag bekommen hatten. Heimlich und leise stieg das Christuskind aus seinem Bettchen, rief seine sieben Englein zu sich, nahm die schönsten von seinen Spielsachen unter den Arm und machte sich im Hemdchen auf den Weg zur Hütte am anderen Dorfende, wo die armen Kinder wohnten. Unterwegs schickte er den ersten Engel fort, dass er vom Bäumchen »Schüttledich« schöne Kleider und Schuhe und warme Strümpfe herbeibrächte, den zweiten sandte er um Zuckerwerk und süße Leckereien, ein anderer musste herrliche Früchte aus den Paradiesgärten holen, und ein vierter endlich goldene Glitzersterne von der Milchstraße, kurz, jeder Engel bekam ein Amt und einen Auftrag.

So kamen sie endlich, reich mit ihren Schätzen beladen, vor das armselige Häuschen der Witwe. Dort war's schon längst still und dunkel. Im kleinen Garten vor dem Haus stand zwischen Kartoffelbeeten und verblühten Bauernblumen ein kleiner, einsamer Tannenbaum, hingepflanzt wie ein Stelldichein für die hungernden Vögelein, die einzige Pflanze, die jetzt mitten im Winter ein grünes Kleid trug, das der weiße Schnee wie mit Schwanenpelz wunderlich verbrämte. An seinen Zweigen hing nun der kleine Jesus all die feinen Sachen auf, die er und die Englein angeschleppt hatten. Und die Engel halfen ihm dabei und steckten besonders an die höchsten Äste, die das Kind nicht erreichen konnte, die schönsten Dinge. Da blieb manchmal ein goldenes Engelshaar in den grünen Zweigen hängen, das mit den silbernen Schneekristallen um die Wette funkelte. An jedem Ast und Ästchen baumelte nun ein Stück, ein Apfel, ein Schühchen, eine Nuss (die sich an den Engelsflügeln ganz golden gefärbt hatte), irgendein Spielzeug, ein Hemdchen, eine Zuckerbrezel oder gar ein leuchtender Himmelsstern. Als das letzte Geschenk an seinem Zweig hing, schlich sich Jesus leise, wie er gekommen war, davon, entließ die hilfreichen Englein mit vielem Dank und legte sich, als wäre nichts geschehen, wieder in sein Bettlein.

Den Jubel kann man sich denken, als die armen Kinder am nächsten Morgen den seltsamen Tannenbaum im Schnee vor dem Hause stehen sahen. Sie fassten sich an den Händen und tanzten Ringelreihen um den grünen Wunderbusch. Aber noch glücklicher war Jesus und er hatte solche Freude über seinen prächtigen Einfall, dass er sich vornahm, immer an seinem Geburtstag recht vielen, ja am liebsten allen Kindern die gleiche Freude zu verschaffen.

So wurde der Weihnachtstag zum seligsten Fest des Jahres, und an keinem anderen Tage gibt es so viele frohe Gesichter und so glückliche Herzen. Selbst der Allerärmste hat seinen Weihnachtsbaum, mag dieser auch noch so klein und bescheiden sein, und irgendein guter Mensch, nah oder fern, hat für ihn ein Geschenk, damit die Freude nicht aus der Welt kommt.

Das ist die Geschichte vom ersten Christbaum.

(Deutsch)

Die Malve

Im Hause der Mutter Maria ging eines Tages, als Jesus noch ein Kind war, das Brot zu Ende. Der Bäcker wollte nicht mehr borgen, denn die armen Eltern Christi konnten ihre kleine Schuld dort nicht begleichen. Und auch die Nachbarn wussten darum und hielten ihre Schränke verschlossen. Da war die Not groß. Vater Joseph hatte zu alldem in dieser Zeit, von der alle Leute sagten, dass sie schlimm und teuer sei, keinen Verdienst, denn man hielt das Geld im Kasten und vermied Neuanschaffungen. Und immer häufiger war es der Fall, dass Joseph und Maria bekümmert beieinander saßen und berieten und hin und her überlegten, wie man wohl über diese schwere Zeit hinwegkommen würde.

Da nahm eines Tages, als Maria wieder mit kummervollem Gesicht und, wie es schien, mit rot geweinten Augen am kalten Herde stand, auf dem kein Pfännlein schmorte, das Jesuskind die Mutter zart bei der Hand und führte sie in das Gärtchen vor dem Hause: »Schau, Mütterchen«, sagte er zu Maria, »siehst du dort die verblühende Malve? Brich dir einen Stengel und bezahle damit den Bäcker. Er soll für jede gute Semmel ein echtes, kleines goldenes Brötchen am Stengel finden.«

Die Mutter begriff nicht sogleich, denn sie sah nur einen gelb werdenden Stengel und ein paar abgeblühte Röschen und verkümmerte Fruchtknoten daran sitzen. Aber sie tat, wie Jesus es meinte, pflückte die Malve und ging etwas unsicheren Herzens in den Bäckerladen. Der Bäcker aber war nicht nur ein hartherziger Mensch, sondern auch ein grober Klotz. »Wollt Ihr mich zum Narren halten«, schrie er erbost, »solch Unkraut wächst bei mir selbst genug, schaut dass Ihr weiterkommt oder ehrlich bezahlt wie andere Leute! Da säße ich ja bald im Armenhaus oder im Narrenhaus, wenn ich solche Geschäfte machen wollte! Sogar eine Kuh möchte sich für das Kruppkraut da bedanken!«

In schwerer Bekümmernis schlich Maria aus dem Bäckerhause. Den Malvenstengel aber hatte sie auf dem Ladentisch liegen lassen, und nun dachte sie nach, was wohl ihr Kind mit dem Rat gemeint hatte. Und sie schüttelte den Kopf und wurde nicht klug und sann weiter nach, wie sie die Ihren satt bekommen sollte.

Der Bäcker schimpfte noch eine Zeit lang vor sich hin und murmelte etwas von Unverschämtheit und Frechheit der Leute und wollte zornig den Malvenstengel vom Tische wischen. Ei! Was war das? Er traute seinen Augen nicht! Was hatte diese dürre Pflanze für Gewicht? Er nahm sie in die Hand und sah zu seinem grenzenlosen Erstaunen, dass der Stengel über und über besetzt war mit kleinen, zierlichen Klümpchen aus eitel Gold, die in ihrer Winzigkeit den Brötchen, wie er sie groß im Ofen buk, aufs Haar glichen. Da war im Nu sein Sinn gewandelt, er bekam die flinkesten Beine, die man nur haben kann, und holte aus seinen vollen Kammern das schönste Brot und die knusprigsten Semmeln heraus und dazu einen Zopfkranz, ein Rosinenbrot und einen Gesundheitskuchen. Das packte er schleunigst in einen großen Korb und lief höchstselbst, was noch nie vorgekommen war, aus, um seinen hochgeschätzten Kunden eigenhändig das Backwerk ins Haus zu tragen. Dort stand er voll Demut und Bereitwilligkeit vor der Heiligen Familie und packte aus. Und Jesus freute sich, dass wieder frohe Gesichter im Hause waren. Zur Erinnerung an diese Begebenheit setzt die Malve noch immer kleine brotähnliche Gebilde am Stengel an, die zwar nicht mehr eitel Gold sind, aber in der argen Not sogar einmal den Hunger stillen können. Und die Leute nennen sie »Gottes Blumenbrötchen«.

(Aus Malta)

Die Lehmvögel

Einer von Jesu Spielgefährten hatte vor dem Tore der Stadt eine feine Lehmgrube entdeckt. Eines schönen Tages lief der Christusknabe mit seinen Freunden dort hinaus, wo die weiche, feuchte Erde ein so herrliches Spielzeug abgab. Und die Kinder saßen nun dort an der Grube und formten aus Lehmbrei und Tonerde kleine Vögel. Was da Flügel hat unter Gottes Sonne, wurde von geschickten Händen nachgebildet: Schwalben mit langen Schwänzen, Tauben mit und ohne Kröpfchen, Grasmücken, Finken, ein Wiedehopf mit seiner Schopfhaube. Die Kinder drehten zwischen den flachen Händen wurstartige Leiber, klebten Flügel daran und zogen vorn ein spitzes Schnäbelchen aus und drückten das andere Wurstende mit einem flachen Kiesel platt, dass es wie ein Schwänzchen wurde. Winzige Steinsplitter steckten sie in den Kopf, dass er Augen hatte. Und die fertigen Vögel legte Jesus schön sorgsam in Reih und Glied zum Trocknen in die Sonne, und die anderen Kinder machten es ihm nach.

Da kam ein alter Mann des Wegs, ein überfrommer Sadduzäer im schwarzen Kaftan, in wallendem Bart und mit Löckchen vor den Ohren, einer von denen, die Gott mehr mit den Lippen dienen als mit dem Herzen. Der erging sich vor dem Tor, las in seinem Talmud und feierte den Sabbat. Als er bei den spielenden Kindern an der Lehmgrube angelangt war, schaute er einen Augenblick aus seinen frommen Texten auf. Da entdeckte er das kindliche Spiel und polternd brach er los: »Ihr Tunichtgute, wisst ihr denn nicht, was Sabbat heißt! So brecht ihr das Gebot und spielt und arbeitet am heiligen Tag? Und du, Sohn Josephs, gehst den anderen noch mit schlechtem Beispiel voran und verführst sie! Euch soll doch … ?« Da fiel ihm Jesus ins Wort: »Wenn du nur deinen Sabbat hältst wie wir, wird Gott sicher zufrieden sein!« Jetzt ward der Eifernde bös und lief voll Zorn auf die Kinder zu, die kreischend wie aufgescheuchte Küchlein auseinander stoben, und wollte ihre Spielvögel in Wut zertreten. Nur einer ließ sich nicht erschrecken, Jesus, der ruhig unter seinen Lehmvögeln sitzen geblieben war. Und jetzt, als der böse Mann herbeilief, da klatschte Jesus in die Hände und – oh Wunder! – die toten Gebilde aus Ton bekamen Leben, regten ihre Flügel und husch – waren sie auf und davon geflogen, ehe sie noch des Eiferers zornige Tritte erreicht hatten. Der stand und sperrte den Mund auf, dass es aussah, als wären die Vögel eben aus diesem Futterloch entflogen. Und aus der Luft scholl ein lautes Jubelgezwitscher herab. Die Vögel aber stiegen hoch empor gen Himmel und immer höher, um – wie Jesus den alten Eiferer belehrte – Gott zu fragen, ob das Spiel der Kinder den Sabbat entweihe.

Der Sadduzäer zog beschämt seinen Kopf zwischen die Schultern und schlich kleinlaut davon. Die Kinder aber liefen nach Hause und erzählten die wunderbare Geschichte von den lebendig gewordenen Lehmvögeln jedem, der sie hören wollte.

(Isländisch, nach den Apokryphen)

Das Erntewunder

Acht Jahre alt war Jesus geworden, als ihn einmal Vater Joseph mit zur Feldarbeit nahm. Damals hatten alle Leute noch ihr eigenes Stück Land, das sie mit Korn, Kartoffeln und derlei Feldfrucht bebauten. Es war zur Saatzeit. Joseph band sich den mit Saatkorn gefüllten Sack vor den Leib und schritt den Furchen entlang und warf mit kräftig geschwungener Hand das Korn ins Feld. Da bat ihn das Kind, das hinter dem Vater dreinlief und mit leeren Händen Körnerwerfen spielte, er möge ihm doch auch ein Stück Land überlassen und das nötige Saatkorn dazu. Gern willfahrte der Vater der kindlichen Bitte, zeigte ihm ein kleines Eckchen am tauben Feldrain, nicht viel größer als ein Maulwurfshügel, und gab ihm ein Samenkorn ins Händchen: »Kleine Leute haben auch kleine Felder!«, sagte er, »und nun geh und säe!«

Und Jesus band sein Schürzchen mit den Zipfeln hoch, dass es einen Sack bildete, wie ihn kornvoll der Vater trug, und darein legte er behutsam sein einziges Samenkorn. Mit dem Spaten stach er eine Furche in sein Feldchen, die zwar nicht ganz gerade geworden war, aber immerhin eine Furche war, und nun schritt er sie mit kleinen Schritten ab, griff wie ein richtiger Bauer in den Sack und warf mit weit ausholendem Arm Handvoll um Handvoll in seine Ackerfurche. Und hatte doch nur ein Weizenkorn im Sack. Als er fertig war, wischte er sich über die Stirn, wie er es von den schwitzenden Knechten gesehen hatte.

Es war Erntezeit geworden. Und Jesus erhielt ein Sichlein und durfte mit zum Kornschnitt. Erst wetzte er mit dem Stein das Werkzeug scharf, und nun säbelte er sorgfältig seine Halme ab, band sie und lud die gebundenen Garben auf sein Ziehwägelchen, spannte sich selbst davor, schrie »Hüh!« und »Hott!«, und fuhr heim auf die Tenne. Aber er konnte nicht selber dreschen, denn dazu fehlte es ihm doch an Kraft und gar leicht wäre ihm vielleicht der schwere Dreschflegel an den Kopf gesprungen. So besorgte Vater Joseph, als der nach Hause kam, für ihn den Drusch.

Oh – Gottes Wunder! Aus den Garben sprangen die Körner in nimmerendendem Fluss, goldgelbe Flut strömte durch die Scheune, über die Tenne, die Dreschenden fast bis zu den Knien umwallend. Als man fertig war mit der Drescharbeit und das Korn in Säcke füllte, da waren es gezählte hundert Scheffel, die Jesus aus seinem einzigen Saatkorn geerntet hatte.

Da rief er alle Armen von Nazareth in die Scheune, dass sie Säcke und Körbe und Scheffel mitbrächten, und verteilte den gewonnenen Weizen unter sie. Und die Kunde vom Erntewunder lief wie ein preisendes Lobegott von Mund zu Mund.

(Nach den Apokryphen)

Die Zimmermannswerkstatt

Der Vater Joseph war – wie man weiß – ein Zimmermann und verstand auch das Tischlerhandwerk, und war von früh bis spät fleißig und verdiente fünfzehn Groschen im Tag. Aber das reichte noch nicht zum Lebensunterhalt, weshalb auch die Mutter Maria ihre Zeit und ihre Fertigkeit ausnützte, vom Morgen bis zum Abend am schnurrenden Spinnrad saß, spann und spann. So verdiente auch sie ihr Geld und man führte ein Leben, so gut es eben ging.

Aber es gab einen hinterlistigen Teufel und der machte in seiner Tücke dem lieben Joseph das Leben sauer. So nahm er einmal, als Joseph ein kleines Mittagsschläfchen machte, die Säge und vergnügte sich damit, einen Sägezahn rechts und den anderen links umzubiegen, sodass sie schief und krumm auf der Schneide saßen. Und so verbog er allesamt. Joseph ging wieder an seine Arbeit, und als er sägen wollte, da streikte das Werkzeug und die Sache ging nicht. Das will ich auch meinen, mit solch verbogenen Zähnen! Das sah der kleine Jesus, der schon fleißig dem Vater in der Werkstätte helfen musste. Er fasste die Säge am anderseitigen Griff, sagte: »Vater, zieh!«, und da fuhren die Zähne ins Holz, dass die Späne nur so flogen. Und die Arbeit ging, als wäre die Säge geschmiert, ja die Zähne fraßen sich ins Holz, besser als je vorher, denn Jesus hatte des Teufels Werk zum Guten gewandt. Daher schreibt sich der Gebrauch, dass die Tischler gerne die Sägezähne mehr oder weniger nach links und rechts ausbiegen, weil solche »geschränkten« Zähne, wie sie sagen, besser beißen.

Wenn das Kind dem Josephvater nicht half Bretter zu halten, zu leimen oder die Säge zu ziehen, dann unterhielt es sich damit, kleine Kreuzchen aus Holz zu basteln. Einmal fragte ihn die Mutter Maria: »Warum machst du nur immer Kreuze, kannst du nichts anderes schnitzen?« Und Jesus Christus antwortete: »Das Kreuz ist mir bestimmt!«

Eines Tages aber geschah Folgendes: Ein junger Mann, der in Josephs Werkstatt das Handwerk erlernen sollte, spaltete nach der Weisung des Meisters Holz. Und da entglitt ihm das Beil und fuhr statt in den Holzblock dem Jüngling in den Leib. Er fiel um und verblutete sich in den Hobelspänen und starb. Meister Joseph war fast verzweifelt, dass solches in seinem Hause sich zutragen musste. Jesus aber war fortgegangen, um eine fertige

Arbeit bei ihrem Auftraggeber abzuliefern. Und als er zurückkehrte, sah er vor der väterlichen Werkstätte einen großen Haufen Volkes und man lärmte und schrie und gebrauchte böse Worte über Joseph, den Zimmermann. Da bahnte sich Jesus einen Weg durch die Menge und sah, was geschehen war, sah, wie sein Vater schier gebrochen vor dem Verunglückten kniete und sich um ihn vergeblich mühte. Jesus aber hieß Joseph aufstehen, ging zu dem Toten hin und sprach: »Gib mir die Hand!« Es rührte sich der Leblose, ergriff des Knaben Hand und stand auf und war lebendig. Und nicht einmal eine Wunde war an seinem Leib. Jesus sagte noch: »Setze deine Arbeit fort und spalte für meinen Vater das Holz.« Da ergriff der Gehilfe wie vordem die Axt und hieb sie in das Holz. Die Menge aber, die das mitangesehen hatte, fand aus ihrem Staunen keinen Ausweg. Man wollte den Jesusknaben küssen, und viele sagten: »Das ist keiner Menschenmutter Kind, das ist wahrlich, wie es heißt, Gottes wunderbarer Sohn!«

Vater Joseph fertigte zu jener Zeit meist Pflüge und Joche. Nun hatte er von einem Reichen den Auftrag bekommen, ihm ein Ruhebett zu machen. Doch Joseph war solche Arbeit nicht mehr gewohnt. Er ging mit Jesus in den Wald, passende Bäume zu schlagen. Nachdem er sie gefällt und zwei Bretter daraus geschnitten, die gleicher Länge sein sollten, legte er das eine neben das andere und fand, dass das eine kürzer geraten war. Da er dieses sah, war er betrübt und ging daran, einen neuen Baum zu schlagen. Jesus aber, der es beobachtet hatte, sprach zu ihm: »Lege die beiden Bretter zusammen, dass sich die vorderen Enden decken!« Joseph, der nicht wusste, was der Knabe wollte, tat, wie jener riet. Und Jesus sprach wiederum: »Fasse das kurze Brett fest an!« Und verwundert fasste es Joseph fest an. Der Knabe aber ergriff das andere Ende und zog ein wenig an, und da waren beide Bretter gleich lang geworden und ließen sich wohl verwenden zu ihrer bestimmten Arbeit.

Joseph aber nahm von jetzt an seinen tüchtigen Gehilfen stets mit zur Arbeit und das geschickte Kind hatte seine Freude an diesem Schaffen.

Auch wenn er in die Stadt ging und ihn die Leute holen ließen, dass er ihnen Türen oder Melkfässer oder Siebe oder Kisten mache, durfte ihn Jesus begleiten, und der Knabe trug das Werkzeug und war mit ihm, wohin der Vater auch ging. Und die Leute freuten sich über das schöne und kluge Kind und Vater Joseph bekam dem Kind zuliebe immer häufigere und lohnendere Aufträge.

Und wenn nun Joseph bei seinem Handwerk irgendetwas länger oder kürzer, breiter oder schmäler zu machen hatte, so war sofort der wundergewandte kleine Gehilfe zur Stelle, streckte seine Hand aus und sogleich war das Brett oder das Ding so, wie Joseph es brauchte, und er hatte nicht nötig, viel Zeit zu verschwenden. Er war ja schließlich auch nicht erfahren genug in derartiger Wagner- und Böttcherarbeit.

Eines Tages nun ließ der König den Meister Joseph, von dessen Kunst er gehört hatte, in den Palast holen und gab ihm den Auftrag, einen neuen Thronsessel zu machen, an dem er sein höchstes Können versuchen sollte. Joseph legte sogleich Hand ans Werk und blieb zwei ununterbrochene Jahre an dieser Arbeit. Er versah den Stuhl mit allerlei erfinderischem Schnitzwerk und legte ihn kunstvoll wie ein wahres Meisterstück mit schwarzem Ebenholz und rotem Rosenholz aus. Und endlich war die Arbeit vollendet und ein Stück geschaffen, das jeden, der es sah, mit großer Bewunderung erfüllte. Da lud Joseph den fertigen Thronsessel auf sein Handwägelchen, Jesus ergriff die Deichsel und so fuhren sie in den Palast des Königs. Als aber Joseph den Thronsessel an seinen genau bestimmten Platz unter den Baldachin aus Seide setzen wollte, da erwies es sich, dass auf jeder Seite zwei Spannen von dem vorgeschriebenen Maße fehlten. Als das der König sah, geriet er in maßlosen Zorn und befahl, den Pfuscher gehörig zu bestrafen. Da aber sprang der Jesusknabe seinem schwer betrübten Vater bei: »Lass die Furcht«, sprach er zu Joseph, »und verliere nicht den Mut. Das Werk, an dem du zwei gute Jahre deines Lebens geschaffen hast, ist nicht verdorben! Komm, fass du die eine Seite des Sessels an und ich die andere, damit wir ihm das rechte Maß geben!« Und da nun Joseph tat, wie ihm Jesus gesagt hatte und jeder an seiner Seite aus Kräften zog, da gehorchte der Sessel und ward ganz genau auf das verlangte Maß gebracht. Und alle Schnitzerei und Verzierung wuchs mit dem Stuhle, ohne den geringsten Schaden zu nehmen.

Als das der König und seine Höflinge sahen, da staunten sie gewaltig über solches Wunder und ahnten, dass es wohl Gottes Werk sei, das hier geschah. Der Sessel aber, das muss man noch erwähnen, war aus dem Holze gemacht, das noch von des großen Königs Salomo, des Sohnes Davids, Tempelbau übrig geblieben war.

(Apokryphe und spätere italienische Quellen)

Der Betteljunge

Einst geschah es, dass der kleine Jesus – der damals wohl vierzehn oder fünfzehn Jahre alt gewesen sein mag – seinen Vater Joseph zur Holzarbeit über Land begleitet hatte und nun ein paar Tage nicht nach Hause gekommen war. Mutter Maria aber war voll Sehnsucht nach ihrem Kind und schickte dem Vater einen Boten, er möchte doch den Knaben nach Hause beurlauben, und Joseph ließ ihr zurücksagen, Jesus käme am nächsten Tage um die und die Zeit heim zur Mutter und sie solle ihm etwas Gutes kochen. Das ließ sich Maria nicht zweimal sagen! Sie stellte in ihrem Häuschen das Unterste zuoberst und fegte und scheuerte alles blitzblank, sodass nirgends auch nur ein Stäubchen zu entdecken war. Dann setzte sie auf den Herd, was sich in ihrer Speisekammer an guten und schönen Dingen fand, alle Lieblingsspeisen des Kindes, und ließ sich dann mit einer Näharbeit am Guckfenster nieder, um die Ankunft ihres Lieblings zu erwarten.

Wartete und wartete, der kleine Jesus kam nicht. Es hatte zu regnen begonnen und auf den Straßen stand das Wasser in großen Pfützen. Da kam ein kleiner Bettelbub auf der schmutzigen Straße daher, klopfte ans Fenster, und bat die Mutter, ihn doch ein klein wenig unterstehen zu lassen, bis der Regen nachgelassen hätte. Er wisse nicht wohin, denn er sei arm und obdachlos. Und bat die Mutter Jesu auch um ein bisschen Essen, da er schon ein paar Tage nichts Warmes in den Leib bekommen habe.

Aber davon wollte heute die sonst so unendlich gute Maria nichts wissen: »Hab' ich mich für dich so geplagt mit dem Reinmachen und Scheuern? Du würdest mir einen schönen Schmutz in mein Häuschen tragen, und mein Kind käme in eine häßliche Stube. Nein, nein! Geh nur hübsch weiter! Irgendwo findet sich schon ein Bauernhof, wo man dich aufnimmt, und ein Obdach, das man dir gibt.« Der Junge machte ein ganz betrübtes Gesicht und ging, ohne ein Wort zu sagen, weiter, wie Maria es ihm geheißen hatte.

Und die Mutter Gottes saß und saß, wartete und wartete, Jesus kam nicht nach Hause. Es wurde Abend und Maria wartete noch immer in Sehnsucht und Ungeduld. Es wurde Nacht und ein neuer Tag, das Kind war nicht gekommen. Die Mutter grämte und sorgte sich gar sehr und die Tränen kamen ihr vor Sehnsucht nach ihrem einzigen Kind.

Und eine Woche ging herum, da endlich kam am Sonnabend Jesus mit dem Vater zugleich zurück. Die Mutter Maria stellte ihn zur Rede, warum er sie so allein und in Sorgen habe warten lassen. Sprach Jesus zu ihr: »Ich war wohl da, du aber ließest mich nicht ein! Fürchtetest die schmutzigen Fußstapfen des armen nassen Betteljungen, als der ich zu dir kam, und dachtest an deinen frischgescheuerten Zimmerboden und hast mich abgewiesen. Das zeigt, wie jede Mutter nur an ihr eigenes Kind denkt und dann für andere kein Auge hat. Das soll aber nicht sein, denn es schmerzt mich. Darum gebe es fürderhin der liebe Gott, dass jede Mutter, die ihr Kind wirklich liebt, beim Anblick eines fremden Kindes denken wird, es könnte ihr eigenes sein, dem Liebe und Mitleid gehören!«

Seit dieser Begebenheit wird jede Mutter, die ein verwahrlostes Kind sieht oder ein hilfebedürftiges, armes, krankes, von der Vorstellung bewegt, wie es ihr wohl ums Herz wäre, wenn ihr eigen Kind so arm und bloß vor ihr stünde und sich keine Mutter seiner liebend und helfend annähme. Aber die Barmherzigkeit höret nimmer auf, solange es Mütter gibt.

(Aus Malta)

Die Geschichte vom Tücherfärben

Jesus wuchs heran und wurde älter. Da sprach Vater Joseph eines Tages zu ihm: »Es ist gut und notwendig, wenn ein junger Mensch Nützliches erlernt, alles Gelernte ist die beste Grundlage fürs Leben. Man muss überall seinen Meister stellen können. Das Tischlerhandwerk allein, das ich dich gelehrt, ist noch nicht genug Boden für dich. Ich will dich zu einem Meister bringen, der Kleider und Tücher färbt, das ist ein Handwerk, das nicht jeder versteht, und das seinen Herrn wohl ernährt.«

Und Jesus, gehorsam und lernbegierig, war erfreut, eine schöne Betätigung zu finden, kam also zu dem Färbermeister in die Lehre und war bald ein aufmerksamer und fleißiger Helfer. Der Meister gewann ihn ordentlich lieb, lehrte ihn die Wissenschaft der Farben, ihre Namen und feinen Unterschiede und wie man sich ihrer beim Färben bedient. Ja, er weihte Jesus bald in alle Geheimnisse seiner Kunst ein. Und wenn Vater Joseph einmal kam, um nach des Meisters Zufriedenheit zu fragen, da hatte dieser gar nicht genug Worte des Lobes: »Brav, brav, dein Sohn! Was hast du für eine tüchtige Familie; ich habe nie ein Kind gesehen wie dieses, das mich in seinem Eifer und seiner Klugheit fast beschämt. Könnten nicht alle Kinder sein wie dieses? Was aber haben wir hier in Nazareth für Rangen!«, und er verlor sich in ein Gespräch über die miserable Jugend von heute und weiter über die hohen Steuern, die Kartoffelpreise und die Sünden der Gemeindeväter.

Eines Montags, als der Meister die Garne, Stoffe und die anderen Dinge, die ihm die Bauern am gestrigen Markttag gebracht hatten, zum Färben ordnete, ward er plötzlich abberufen. Er gab noch Jesus den Auftrag, die Farben herzuholen, anzurühren und zu mischen, die für diese Arbeit nötig waren: Rot, Purpur, Blau, Grün und Schwarz. Er probte noch ihre Güte: »Also, die Farben sind in Ordnung«, sagte der Meister, und hier übergebe ich dir die Wolle und die Stoffe und all das, was heute zu färben ist. Denn ich habe eine wichtige Angelegenheit außer Hause zu erledigen, die mich vielleicht bis zum Abend ferne hält. Ich überlasse dir allein das Haus und das Handwerk, betrachte es als deine Gesellenprüfung. Du kannst beweisen, was du gelernt hast.« – »Gewiss, Meister!«, versicherte Jesus, »Ihr könnt unbesorgt gehen und Ihr sollt mit mir zufrieden sein!«

Und der Meister ging. Jesus blieb allein in der Werkstatt und besah sich, was an Arbeit vorhanden war, ging in die Magazine und fand dort große Mengen ungefärbten Zeuges. Und überall hingen Tücher und Röcke, Leinen und Wollgarne, die sich noch unverarbeitet zu Haufen türmten. Und Jesus sammelte, was er fand, trug alles in den Färberaum und häufte es dort, dass es ein stattlicher Berg ward. Dann holte er den größten Färbehafen vom Gestell, das war der, in dem man die schwarzen Sachen tunkte. Den stellte er übers Feuer und schürte es gehörig. Jetzt nahm er die Farben, alle, wie sie ihm in die Hand kamen, die blauen und die grünen, die scharlachenen und die gelben, und goss sie allesamt in seinen großen Siedetopf und blies ins Feuer, dass die Brühe sprudelnd kochte. Armevoll griff er jetzt die Wolle und die Tücher auf und steckte alles zusammen in den großen Kessel, die, die blau werden sollten, zu denen, die man rot haben wollte, und die schwarz bestimmten zu den weißen. Und nahm eine Stange und rührte fleißig drin herum.

Der Meister aber blieb einige Stunden vom Hause weg, bis er auf den Gedanken verfiel, einmal in der Werkstatt nachzusehen, was sein kleiner Lehrling und Gehilfe angefangen habe, wie er die Stoffe färbe, ob er auch nicht vergäße, Alaun beizumischen und sonst keinen Fehler mache. Doch als er sein Haus betrat, da verschlug es ihm die Sprache und er machte wohl Augen, die fast so groß waren wie der Siedekessel, aus dem es da munter dampfte. Dicker Dunst lag in der Färbeküche, dass man kaum sah, was da vor sich ging. Aber so viel begriff der Meister sofort, dass hier Verschiedenes nicht in Ordnung war. »Beim Abraham!«, rief er aus, »Jesus, was hast du angestellt! Ich bin ruiniert!«, schrie er, »der Junge hat den Verstand verloren!« Solch Gezeter schlug er an, dass die Nachbarn voll Neugier zusammenliefen und die Köpfe zu Tür und Fenstern hereinstreckten. »Wirft mir alle Farben in einen Topf, und alles Zeug dazu! Ich bin ruiniert, ruiniert, meine Meisterehre ist dahin!«

Jesus aber stand ruhig hinter dem Kessel und rührte mit der Stange in der bunten Mischkulanz herum. Da lachten die Leute, denn schon damals war die Schadenfreude eine sehr beliebte Seelenäußerung. Und einer rief: »Meister, hol einmal ein Stück hervor aus deinem Wurstkessel, dass man sich an der Farbenpracht das Herz erquicken kann!« Und das sagten sie mit sehr viel Vergnügen und in fröhlicher Erwartung. Dem armen Meister war aber gar nicht zum Lachen zumute, und kummervollen Sinnes fischte er mit der Stechgabel einen Fetzen aus der missfarbenen Brühe. Doch – o Wunder – da hatte er ein rotes Tuch erwischt, das zu einem Frauenrock bestimmt war und das er selbst nicht besser hätte färben können. Er wischte sich erst einmal die Augen aus, da er ihnen nicht traute, hielt das Tuch gegen das Licht – nein, es war keine Täuschung – es war musterhaft getunkt. Fischte ein zweites Mal und sah dabei voll misstrauendem Staunen und gelindem Unverstehen seinen Gehilfen an. Diesmal hingen ein Paar Strümpfe an der Gabel, schwarz wie Kohle, ganz wie sie sein sollten. Und nun erwischte er in rascher Folge blaue Hosen und goldgelbe Halstücher und Scharlachstoffe und grüne Turbane. Und jeder Stoff hatte die Farbe, die ihm bestimmt war, und zwar in solcher Vollendung, wie noch nie in Nazareth gefärbt worden war. Und alles Angesammelte war aufgearbeitet und nirgends in der Werkstatt war auch nur ein ungefärbtes Fetzchen zu entdecken.

Da dauerte es eine ganze Weile, bis die durchs Fenster Guckenden ihre staunenden Mäuler, die so gerne lästerten, wieder zubrachten. Auch der Meister fand keine Worte. Jesus enthob ihn seiner Mühe: »Meister!«, meinte er, »Ihr seht, dass ich gut bei Euch gelernt habe und eine Meisterprüfung wohl ablegen könnte. Entlasst mich aus Eurer Lehre, dass ich nunmehr den mir vom Himmel bestimmten Weg gehe.«

So sprach Jesus, reichte ihm die Hand und verließ unter dem ungläubigen Starren der neugierigen Leute das Haus des Färbers und ging frohen Herzens heim, wo ihn Joseph und Maria erwarteten.

(Aus den Apokryphen)

Sankt Christopherus

Der Heide Offerus war von gewaltiger Körperkraft und maß zwölf Ellen in der Länge. Der sprach bei sich: »Was nützet mir die Kraft, wenn ich sie nicht werten kann. Ich will in die Fremde gehen und nach dem mächtigsten Herrn fragen. Dem will ich dienen!«

Da wies man ihn an den Hof eines großen Fürsten, der über viel Land und Leute herrschte. Der König nahm ihn gern in seine Dienste und freute sich des starken Mannes. Aber einmal, da sang des Königs Spielmann ein Lied, darin der Teufel beim Namen genannt war. Der König schlug ein Kreuz vor seiner Seel', denn er war ein gottgläubiger Mann. Offerus wunderte sich darob gar sehr und fragte: »Herr, was soll's, dass du zwei Striche vor deinem Leib ziehst?«

»Ich segne mich mit diesem Zeichen, denn wenn man den Teufel nennet, so kann er mir auf diese Weise nichts anhaben!« – »Wenn seine Macht so groß ist«, sagte der Riese, »dass du dich vor ihm fürchtest, dann will ich die längste Zeit bei dir gewesen sein und von deinem Hofe scheiden. Ich will nur dem Mächtigsten dienen!«

Und er machte sich auf den Weg, um den Teufel zu suchen. Aber wen er auch drum fragte, der konnte ihn nicht weisen, obgleich jeder den Teufel kannte und ihn so oft beim Namen nannte, als wär's der beste Bekannte. Bis Offerus eines Tages selbst mit ihm auf der weiten Heide zusammenstieß. Ein Ritter im roten Mantel auf schwarzem Ross war es, dem Offerus in den Weg gelaufen war. Der hielt den Riesen an: »Woaus des Wegs?« – »Den Teufel zu suchen, denn ich wäre gern sein Knecht!« Sprach drauf der Ritter: »Der Teufel bin ich selber! Und einen starken, willigen Knecht kann ich immer brauchen.« Da verdingte sich Offerus bei ihm und diente ihm voll Beflissenheit. Bis sie eines Tages eine Straße ritten, wo ein Feldkreuz am Wege stand. Als das der Teufel sah, riss er sein Ross herum, schlug einen weiten Bogen um das Kreuz und mied den geraden Weg. Darob verwunderte sich der Knecht und fragte ihn: »Herr, warum reitest du den krummen Weg?« Der Teufel hätte es gern verschwiegen, denn er schämte sich seiner Schwäche. Als aber der Knecht anhub: »Du sollst mir die Wahrheit sagen oder ich dien' dir keine Stunde länger!«, da sprach der Teufel: »Es stund ein Kreuz am Wege, das Zeichen fürcht' ich und muss ihm weichen!« – »Oho!«, meinte Offerus,

»wenn dem so ist, so ist der Herr, der dieses Zeichen führt, stärker als du. Wir sind geschiedene Leute, denn ich will jenes Mächtigen Dienste suchen!« Und es half dem Teufel kein Widerreden und kein gehobener Geldbeutel. So wanderte Offerus weiter und fragte allenthalben nach dem hochmächtigen Herrn oder König, der das Kreuzeszeichen im Schilde führte. Aber wen er auch fragte, niemand konnte ihn weisen. Und keiner wollte je einen solchen Herrn gesehen haben.

Kam er in die Wüstenöde. Kam zu einem Einsiedler, der in einer Höhle hauste, den fragte er nach jenem mächtigen Herrn. »Ich kenne ihn wohl, er ist die große Macht, ihm ist Erde und Himmel untertan, er ist der Herr aller Herren und der König der Könige. Ich selbst bin einer seiner armen Diener und bereite mich vor auf seine Ankunft!«

Sprach Offerus, der Riese: »Ich will gleich dir ihm Diener und Knecht sein. Weise mich zu ihm!« Und der Einsiedler antwortete ihm: »Der Herr will nur Reine und Tugendhafte in seiner Gefolgschaft. Du musst dich erst seiner würdig erweisen!« – »Sag an, was ich zu tun habe!« – »Erstlich sollst du fasten und wachen!« Offerus drauf: »Ich mag nicht fasten und wachen. Das ist kein Werk für mich!« – »Dein Herr wird von dir verlangen, dass du betest!« Sprach der Riese: »Das kann ich nicht, das hat mich keiner gelehrt. Weis' mir andere Arbeit!« Da sagte der Eremit: »Es fließt nicht weit von hier ein Strom, der weder Brücke noch Steg hat. Den letzten Fährmann haben mitsamt dem Kahn die Strudel verschlungen. Du bist stark und groß, willst du Menschen auf deinen Schultern über das Wasser tragen um Gottes Lohn, so wird dein Probedienst dem Herrn wohlgefällig sein.«

»Wohlan!«, sprach Offerus der Riese, »das will ich tun«, und wanderte in die Wüste hinein, bis er an den großen Strom kam, baute sich da eine Hütte am Ufer und wartete seines Tagewerkes. Und es führte der Karawanen- und Reiseweg durch die große Wüste hier über den Fluss. Der Menschen kamen viele, mit Getier und Gepäck, und wer immer kam, den trug der Riese trockenen Fußes um Gottes Lohn durch das mannstiefe Wasser, das ihm kaum an die Knie ging. Er hatte im treibenden Wasser einen festen Baumstamm gefunden und auf diesen stützte er sich wie auf einen Wanderstab. Und war zu jeder Stunde für seinen Hilfsdienst gerüstet.

Eines Nachts schlief Offerus in seiner Hütte, denn in der Nacht gebrauchte man nur selten seine Dienste. Da hörte er, wie vom drüberen Ufer eine feine Stimme »Hol über« rief. Er rieb sich die Augen und dachte bei sich, er habe wohl geträumt, und wie käme bei Nacht ein Kind dieses Weges, und legte sich wieder auf sein Lagerfell. Da wiederholte es sich, dass die Kinderstimme rief. Stand Offerus also auf, griff nach seiner Stange und watete hinüber. Aber wie er auch suchte und ärgerlich mit gewaltiger Stimme rief, dass die Ufer dröhnten, er fand niemanden, der gerufen haben könnte. Watete darum zurück nach seiner Hütte und warf sich neuerlich aufs Lager. Und da rief es zum dritten Mal: »Offerus, hol über!« Es war sein Dienst, also ging er abermals in die Nacht hinaus und durch den Fluss. Und er fand am jenseitigen Ufer ein alleiniges Kindlein vor, das ihn mit lieber Stimme bat: »Trag mich hinüber!« Da hob es der Riese auf die Schulter und lachte des geringen Gewichtes. Denn eine Mücke hätte ihn nicht mehr beschwert. Er griff nach seinem Stab und schritt mit mächtigem Gang in das Wasser hinein. Aber das Wasser wuchs und wuchs und reichte dem Riesen schon über die Knie, und nie seit Menschengedenken war der Strom so tief und von solcher Mächtigkeit gewesen. Aber die Leichtigkeit des Kindes war eitel Trug. Das Kind war schwer wie Blei und wurde immer schwerer und drückte den riesigen Träger schier zu Boden. Und das Wasser schwoll, dass er fürchtete, er müsse ertrinken.

Als er in die Mitte des Stromes gekommen war, sprach er unter Keuchen: »Bei Gott, um dessen Lohn ich diene, wie gar schwer bist du! Ich dachte, ich trüge ein geringes Kind, und nun ist mir, als ob ich alle Welt auf meinen Schultern trüge!« Da sprach das Kind, und ein Leuchten ging aus von seinem Haupte, dass es weithin die Gegend erhellte: »Du trägst nicht allein die Welt auf deinen starken Schultern, du trägst den, der sie geschaffen, der Himmel und Erde und Berge und Wasser aus seinem Herzen springen ließ. Den trägst du! Und bist in Treue sein Diener geworden!«

Und es schwollen die Wasser zu mächtigem Schwall, und netzten dem Riesen das Kinn und überspülten den Stab. Da drückte ihn das Kind vollends unter die Wellen und sprach: »Ich bin Jesus Christus, dein Herr und dein Gott und ich taufe dich zu meinem Knecht. Bislang hießest du Offerus, der Träger, nun aber sollst du Christopherus heißen, nach mir, deinem Herrn!« Und Christopherus trug den Herrn und die Welt über den Fluss und setzte am Ufer die göttliche Last mit sanftem Bedacht ab. Da sprach Christus: »Und zum Zeichen, dass ich wahr redete, nimm deinen toten Stab und stecke ihn zum Gedenken hier in die Erde. Morgen wird er grünen und blühen und reiche Früchte tragen!« Und als er die riesige Stange mit wuchtiger Hand in den Boden gerammt hatte und sich umsah, da war das wunderbare Kind verschwunden. Doch über Nacht war der tote Baumstamm eingewurzelt und Blätter, Blüten und Früchte hingen hoch in seiner Krone.

Bald darauf entsagte Christopherus seinem Fährmannsdienst, um seinen Herrn zu suchen. Und er fand den Heiland, als dieser segnend auf Erden wandelte, und leistete ihm bis zum Tode treue Gefolgschaft und tat viel Gutes und Wunderbares im Zeichen des Herrn, der als Allmächtigster als Schildsymbol das Heilige Kreuz führte.

(Nach der »Legenda aurea«)

Nachwort zur Ausgabe von 1962

Die Christusmärchen dieses Buches haben – mit einer Ausnahme – ihren Ursprung in meist sehr alten, volkstümlichen Überlieferungen. Ihre Stoffe wurden vom Verfasser in langer Sammelarbeit aus gelehrten Quellenschriften und Materialien der Folklore zusammengetragen. Eine wesentliche Quelle waren die so genannten Apokryphen, das sind jene alt- (und hier) neutestamentlichen Schriften, wie etwa das Kindheitsevangelium des Thomas oder die Apostelgeschichten usw., die nicht als kanonische Bücher, wie sie als heilige Schriften die Bibel enthält, anerkannt sind. Sie enthalten ausschmückende, legendenartige, lehrhafte Erzählungen und Ergänzungen der evangelischen und apostolischen Geschichte. Im Kern gehören aber auch viele dieser Ausdeutungen der fast unübersehbaren Fülle der naturdeutenden Sagen und Märchen (»Natursagen«) an, die allen Völkern der Erde, den primitiven wie den hochkultivierten, gemeinsam sind. Alle suchen sie eine fantasievolle Erklärung oder Begründung gewisser auffallender Merkmale der Tiere und besonderer oder alltäglicher Pflanzen. Aber auch die Welt, alles Werk des Schöpfers, selbst die Gebirge und Gestirne sind Gegenstände dieser meist liebenswürdigen märchenhaften, in den Quellen oft nur auf einen oder auf wenige Sätze beschränkten Ausdeutungen, in denen häufig auch der Teufel oder dämonische Gestalten als Widersacher auftreten. Meine auf das wesentliche Geschehen, wie es das Neue Testament überliefert, beschränkte Auswahl aus dem Erzählgut christlicher Völker rankt sich um Christi Geburt, die Flucht nach Ägypten und einige Ereignisse der Kindheit. Nicht immer entspricht die in ihrer Urform häufig dem Orient entsprungene Fabel unserer Mentalität und den Vorstellungen unserer Zeit. So müssen oft Fluch, Strafe und Segensentzug der Erzählung zur Pointe verhelfen, die auch Fehl- und Doppeldeutungen nicht scheut. Allen Stoffen dieser Auswahl aber, mag man sie als Märchen, Legenden oder Sagen bezeichnen, ist die Liebe und Güte, die heilige Erhebung (trotz manch ungereimtem Firlefanz) eigen, die sich um das Leben des seiner Sendung entgegenwachsenden Heilands wie ein Blumenkranz rankt.

Der Verfasser hat in freier dichterischer Diktion, ohne an den wesentlichen Tatsachen der volkstümlichen Überlieferung etwas zu ändern, diese zu Märchen gestaltet und sie in der Sprache wiederzugeben versucht, die im Märchenton dem kindlichen Gemüt oder dem gläubigen Sinn entsprechen. Wen das Gesamtthema stärker anspricht, der möge aus den Ursprungsangaben sich die Weite vorstellen und sie in geografische oder ethnologische Verbindung bringen und sich freuen, dass kein Volk sich diese Bereicherung des heiligen Stoffes, die wohl immer in den letzten Fassungen aus mütterlichem Mund stammt, versagt hat. Dieses Buch mit Quellenhinweisen, Parallelen und sachlichen Erklärungen, so aufschlussreich sie wären, zu belasten, schien nicht angebracht. Überdies hat der Verfasser sein auf mehrere Bände angelegtes, sehr reiches Material leider als Kriegsverlust eingebüßt.

Sein Wunsch aber ist, dass dies mit Liebe erzählte Buch Jungen und Älteren, nicht zuletzt den Müttern, freudige, herzwarme Erbauung in unsere von Ängsten und Unruhen heimgesuchte Zeit bringen möge.

Walter Schmidkunz

Zu Walter Schmidkunz

Walter Schmidkunz (1887–1961) ist, wenn seiner heute noch gedacht wird, vor allem als Meister der Bergliteratur zwischen den Weltkriegen ein Begriff. Seine zahlreichen Feuilletons, Erzählungen, Geschichten und Anekdoten, die er im Laufe der Jahrzehnte verfasste, vor allem aber die von ihm als Ghostwriter verfassten Luis-Trenker-Bücher und sein Hans-Ertl-Roman *Bergvagabunden* (1937) prägten weithin entscheidend das literarische Bild vom Alpenraum in der Öffentlichkeit. Seines vitalen und geistvollen Stils wegen sind viele dieser Werke auch heute durchaus noch lesenswert, insbesondere auch wegen der unzähligen von ihm in mühevoller akribischer Sammlerarbeit zusammengetragenen historischen Tatsachen über den Alpenraum, sein Volksgut und seine Bewohner.

Schmidkunz war zeitlebens selbst ein überdurchschnittlich versierter Bergsteiger, doch auch als Verleger hat er sich versucht – allerdings leider eher glücklos. Dabei gelangen ihm durchaus Bestseller, die hohe Auflagen erlebten, so etwa die Sammlung *Das leibhaftige Liederbuch* (1938). Wesentliches leistete er als Herausgeber der *Deutschen Alpenzeitung* und der ehemals hoch geschätzen Reihe der *Münchner Lesebogen* ab 1940.[1]

Einen verborgenen, aber nicht minder gewichtigen Bereich im Schaffen von Walter Schmidkunz bilden seine Anthologien und Nacherzählungen. 1922 erschienen erstmals seine *Christusmärchen*, die in dieser Ausgabe unter neuem Titel vorgelegt werden, 1927 seine *Geschichte vom Christkind, wie sie die alte Barbara erzählt hat*, 1928 *St. Christophorus*, die allesamt durch ihre Gemütstiefe und sensibel nachschaffende Erzählweise berühren.

So möge diese Neuausgabe einer seiner schönsten Schöpfungen dazu beitragen, dass dieser zu Unrecht vergessene feinsinnige Literat wieder die Leserschaft finde, die er verdient.

Frank Berger

[1] Eine Übersicht sämtlicher Veröffentlichungen und kurze Lebensbilder sind in dem Band *Walter Schmidkunz. Ein Klassiker im Hintergrund* (Alpine Klassiker Band 11, herausgegeben vom Deutschen Alpenverein, München 1989) enthalten.

DIE REISE ZUR SONNE

Geschichten zu Ostern, Pfingsten und Johanni

272 Seiten, gebunden

Ein Familienbuch für die Passionszeit, Ostern, Himmelfahrt, Pfingsten und Johanni. Aufgenommen in diese Sammlung sind unter anderem Erzählungen von Alexander N. Afanasjew, Michael Bauer, Werner Bergengruen, den Brüdern Grimm, Gerhard Klein, Selma Lagerlöf, Jeanna Oterdahl, Karl Paetow, Leo Tolstoi, Anton Tschechow und Jakob Streit.

VOM OSTEN STRAHLT EIN STERN HEREIN

Geschichten zu Advent, Weihnachten, Dreikönig

Herausgegeben von Ineke Verschuren

410 Seiten, gebunden

Ein Familienbuch für die Zeit von Advent bis Dreikönig. Aufgenommen in diese Sammlung sind unter anderem Erzählungen von Hans Christian Andersen, Leonid Andrejew, Olof Baker, Georg Dreißig, Maxim Gorki, Gerhard Klein, Selma Lagerlöf, Dan Lindholm, Jeanna Oterdahl, Karl Paetow, Peter Rosegger, Ruth Sawyer, Ezard Schaper, Jakob Streit.

URACHHAUS

HEILIGENLEGENDEN

Neu erzählt von Siegwart Knijpenga
Mit Zeichnungen von Christiane Lesch

Aus dem Niederländischen von
Frank Berger und Marianne Holberg

232 Seiten, gebunden

Eine Auswahl von 42 Heiligenlegenden zum Erzählen und Vorlesen für das Alter von sieben bis elf Jahren.
Heilige hat es zu allen Zeiten gegeben. Ihr Leben und Handeln hat tiefe Spuren hinterlassen, die sich in Legenden niederschlugen – mündliche tradierte Erzählungen für Erwachsene, in denen die Kraft, aus der diese Menschen lebten, zum Ausdruck kam.
Zugleich haben sich diese Legenden auch als Erzählstoff für Kinder bewährt. Sie zeigen ein farbigeres, umfassenderes Bild des Menschen als das alltägliche.
Siegwart Knijpenga hat die alten Legenden neu erzählt und dabei versucht, sowohl der Überlieferung als den Bedürfnissen der Kinder gerecht zu werden.

URACHHAUS